행복을 배우는 경제수업

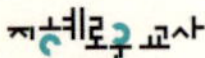

ⓒ 박현희, 2008
2008년 9월 1일 처음 펴냄
2012년 1월 18일 1판 4쇄

지 은 이 박현희
펴 낸 이 신명철
펴 낸 곳 우리교육
등   록 제313-2001-52호
주   소 (121-841) 서울시 마포구 서교동 449-6
전   화 02-3142-6770
전   송 02-3142-6772
홈페이지 www.uriedu.co.kr

ISBN 978-89-8040-644-9   13370

이 도서의 국립중앙도서관 출판시도서목록(CIP)은
e-CIP 홈페이지(http://www.nl.go.kr/cip.php)에서 이용하실 수 있습니다.
(CIP제어번호:CIP2008002577)

행복을 배우는 경제 수업

박현희 지음

우리교육

여전히 많은 문제들을 안고 있지만, 우리 교육계는 제도와 내용이라는 두 측면에서 한 걸음씩 나아가고 있습니다. 현장 교사들의 꾸준한 연구와 실천을 통해 수많은 교육 자료들이 쌓이고 있습니다.

그럼에도 우리 교육출판계를 보면, 그 흔적을 찾기 힘듭니다. 직접 아이들과 함께 한 교육활동의 결과들을, 말 그대로 살아 있는 교사의 언어로 담아낸 책들이 빈약합니다. 교사들의 실천을 정리해내는 동시에 다른 교사들의 성장을 도모할 수 있는 그 무엇이 필요하다고 봅니다.

교사는 끊임없이 배우고 성장하며 나누는 존재입니다. 아무리 세상이 경쟁으로 치닫고 자본에 눈먼다 해도 교육에서만은 포기할 수 없는 중심 가치가 있습니다. 바로 '배움'과 '나눔'입니다. 스스로 서고 더불어 잘 살기 위한 배움과 나눔이 아니라면 교육의 진정성은 사라질지도 모릅니다.

우리교육은 '모두를 위한 교육'을 지향하며, 이제껏 개인 차원에서만 다루어진 교사들의 교육 실천 경험들을 〈지혜로운 교사〉 시리즈로 모아내고자 합니다. 그 결과물을 다른 교사들과 나누는 과정에서 함께 성장해가는 책으로 만들고자 합니다. 이 각박한 세상에서 묵묵히 아이들과 함께 교사들이 일구고 있는 미래를 이 속에 고스란히 담고 싶습니다.

2008년 9월 우리교육

행복을 배우는
경제수업
차 례

1장

땅콩 선생, 경제교육의 새길 찾기에 나서다

땅콩 선생은 무엇으로 사는가

땅콩 선생은 3년째 재즈댄스를 배우고 있다. 그동안 이런 대화가 수없이 반복되었다.

아무개　뭐 하려고? 배우면 뭐가 좋은데?

땅콩 선생　특별히 어디 써먹으려고 하는 건 아니고 그냥 재미있어서.

아무개　살 빼려고?

땅콩 선생　아니, 일주일에 한두 번 춤춘다고 살이 빠지지는 않아.

아무개　잘해?

땅콩 선생　아니.

아무개　그런데 왜 배워?

땅콩 선생에게 질문을 하는 사람들은 재즈댄스를 하는 동안 땅콩 선생이 재미있고 행복한지를 묻지 않고, 그것을 배우면 뭐가 좋은지, 어디에 써

먹을 수 있는지를 묻는다. 우리 사회에서 중요한 것은 효용이다. 더 정확하게 말하면 같은 비용을 지불하고도 더 높은 효용을 얻는 것, 즉 효율성이 중요하다. 재즈댄스를 배우는 땅콩 선생의 행위는 효율성이 형편없이 떨어지는 행동이다. 특별히 써먹을 데도 없고, 잘하는 것도 아니면서 그 나이가 되도록 춤을 배우러 다니는 이유가 무엇이냐는 말이다. 춤을 추는 동안 몹시 즐겁고, 온몸이 의도에 따라 움직이는 자유를 경험하는 과정이 행복하다는 것은, 말로는 설득력 있게 설명되지 않는다. 그러니 한마디로 말하면 쓸데없는 짓을 하고 있는 거다.

생각해 보면 땅콩 선생은 계속 쓸데없는 일을 추구하며 살아왔다.

선생은 뭐든지 만들어서 쓰기를 좋아하는데(옷이나 가방, 모자, 공책 등 뭐든지, 일단 만들어 쓸 방도를 먼저 생각해 본다.), 일단 사려고만 들면 만드는 데 들어간 공이 허망해질 만큼 값이 싼 경우가 많다. 그러니 사람들은 또 한마디씩 한다.

"뭐 하려고 그렇게 힘들게 만들어? 싸고 좋은 물건이 얼마나 많은데."

만들면서 조금은 괜찮은 사람이 된 것 같아서 행복하다고 대답하지만 설득력이 있는 것 같지는 않다. 땅콩 선생이 60만원이나 하는 논술 공부를 등록했을 때도 사람들은 물었다.

"논술 잘 가르친다고 학교에서 월급 더 주는 것도 아닌데 **그거 왜 해?"**

"그냥, 재미있어. 월급 더 안 받아도 이왕이면 더 잘 가르치면 좋잖아. 내가 신나잖아!"라고 땅콩 선생은 대답하지만 그것이 논술 공부를 위해 들이는 시간과 노력, 경비에 대한 충분한 답변은 되지 않는 모양이다. 땅콩 선생이 박사과정 공부를 시작했을 때도 마찬가지 반응이었다.

"교수되려고?"

"아니, 특별한 계획은 없는데."

"근데 왜 해?"

땅콩 선생은 지난 15년간 사회교사모임에서 활동했다. 사람들은 또 물어본다.

"그렇게 모여서 연구하면 뭐 나와?"

"아니, 그냥 하는데."

"근데 왜 해?"

이 책은 그러니까 그동안 땅콩 선생이 수도 없이 받아온 질문, "근데 왜 해?"에 대한 답인 셈이다. 그 답을 한마디로 요약하면 '그냥 재미로' 이다. 좋은 성적 받아서 좋은 대학 들어가고, 그래서 돈 잘 버는 것을 삶의 모델로 설정하는 사회에서, 성과에 따라 그 사람의 몸값이 결정 나는 사회에서 '그냥 재미로' 무언가를 하는 것은 심하게 어리석은 일처럼 보일지 모르지만, 인간의 본성에 더 걸맞은 삶의 자세이다.

우리는 왜 사랑하는가? 그 사람 때문에 심장이 오작동할 것 같은 숨 막히는 경험이 없어도 우리는 아이를 낳아 키울 수 있는데, 왜 사랑이라는 것을 할까? 왜 내 아이를 보며 가슴이 저미도록 사랑을 느끼는가? 우리는 왜 의리를 지키나? 우리는 왜 자선을 베푸나? 모두 마찬가지이다. 인간의 본성에 가까운 일일수록 그 일의 효용은 떨어진다. 그냥 그 자체로 좋을 뿐이다.

땅콩 선생은 그의 쓸모로 살아가기보다 존재 그 자체로 살아가고 싶다. 크게 쓸모가 없더라도 하고 싶은 일을 하며 살고 싶다. 그 일을 하기에 적절한 때가 아니더라도 하고 싶으면 하면서 살고 싶다. 세상이 정한 적절한 방법이 아니라 다른 방법이 더 끌린다면 끌리는 대로 하고 싶다. 어쩌면 어떤 일을 하기에 가장 적절한 때는 내가 그 일을 하는 때이며, 어떤 일에 가장 적절한 방법은 내가 그 일을 하는 방법이 아닐까?

땅콩 선생은 너무 쓸모있는 사람으로 사느라 없으면 안 되는 존재로 기능하기를 원치 않는다. 내가 없어도 내 남편의 행복이 이어지기를, 내가 없어도 내 아이의 성장이 계속되기를, 내가 없어도 학교가 계속 잘 굴러가기를, 땅콩 선생은 소망한다. 남편을 사랑하고, 아이를 사랑하고, 학생을 사랑하지만, 그들에게 땅콩 선생이 너무 중요한 역할을 하는 존재는 아니기를 바란다. 그냥 내가 옆에 있어 주면 좋지만, 없어도 지속될 수 있는 삶이기를, 내 존재의 의미가 딱 그만큼이기를 원하는 것이다.

《莊子》 제4편 인간세에 나오는 이야기를 보자. 목수 장석이 제 나라로 가다가 사당 앞에 있는 큰 도토리나무를 보았다. 장석이 거들떠보지도 않고 지나가버리자 그것을 의아하게 생각한 제자가 물었다. 왜 그 큰 나무를 그냥 지나치냐고. 그러자 장석은 재목이 못될 나무이기 때문에, 쓸모가 없어서 그토록 오래 살고 있는 것이라고 답했다. 그날 밤 꿈에 큰 나무가 나타나 말했다.

그대는 나를 어디에다 견주려는 것인가? 그대는 나를 좋은 재목에 견주려는 것인가? 아니면 돌배, 배, 귤, 유자 등 과일 나무에 견주려는 것인가? 과일나무는 과일이 열리면 따게 되고, 딸 적에는 욕을 당하게 된다. 큰 가지는 꺾이고 작은 가지는 찢어진다. 이들은 자기의 재능으로 말미암아 고통을 당하는 것이지. 그래서 천수를 누리지 못하고 일찍 죽는 것이다. 스스로 화를 자초한 것이나 다름없는 것이다. 세상 만물이 이와 같지 않은 것이 없다. 나는 쓸모없기를 바란지가 오래다. 몇 번이고 죽을 고비를 넘기고 이제야 뜻대로 되어 쓸모없음이 나의 큰 쓸모가 된 것이다. 만약 내가 쓸모가 있었다면 어찌 이렇게 커질 수 있었겠는가? 그대와 나는 다 같이 하찮은 물건에 지나지 않는다. 어찌하여 서로를 하찮은 것이라고 헐뜯을 수 있겠는가?[□]

땅콩 선생이 수업을 통해 학생들과 나누고 싶은 이야기도 바로 이것이다. 효율성과 유용성을 최고로 치는 이 세상에서, 세상에 유용한 능력에 따라 줄을 세우는 이 세상에서, 어떻게든 적은 비용을 들여 큰 만족을 얻으면 합리적인 사람이라고 부추기는 이 세상에서, 유용한 존재로 기능하기보다는 존재 자체로 충만한 삶, 그 행복을 학생들과 함께 누리고 싶은 것이다. 지금부터 그 얘기를 시작하려 한다.

□ 《강의》 신영복, 돌베개, 2004 324쪽에서

땅콩 선생이 경제에 주력한 이유

땅콩 선생은 고등학교에서 사회를 가르친다. 그리고 어쩌다 보니 몇 년째 사회 과목 중에서도 경제를 주로 담당하고 있다. 그래서 학생들은 땅콩 선생이 경제를 전공한 줄 안다. 물론, 땅콩 선생은 경제를 살짝 배우긴 했다. 사범대학에서 사회교육을 전공하면 정치학, 법학, 사회학, 문화인류학, 교육학과 함께 경제학을 배운다. 이 방대한 영역들을 보라. 이 모든 분야에 정통해지는 것은 한 인간이 한 세대에 이룰 수 있는 일이 아니다. 그러니 대학에서는 모든 영역을 살짝살짝 가르쳐준다. 교단에 섰을 때 아무것도 모르는 막막한 상태는 아닐 수 있도록. 교사가 되고 나서 숨 가쁘게 교재 연구를 하며 한 시간 한 시간 수업을 무사히 넘기는 것이 삶의 목표였던 시절, 땅콩 선생은 알게 되었다. 가르치는 사람과 배우는 사람의 차이는 한 시간 먼저 알고 늦게 아는 차이라는 것을.

땅콩 선생은 경제학을 잘 모른다. 대학에서 살짝 가르쳐주었지만, 땅콩 선생은 그것마저도 제대로 못 배웠다. 조국과 민족의 운명을 걱정하느라 낮에는 거리에서, 밤에는 술집에서 바쁜 나날을 보내느라 강의에 출석할 시간이 없었기 때문이다. 전공 교수의 얼굴도 모르는 채 학기를 끝마치기 일쑤였다. 그래도 관대한 시절이었는지 F학점을 많이 받지는 않았다. 대개는 C나 D정도 선에서 학점을 받았다. F학점을 주면 이듬해에 재수강 신청을 해서 다시금 교수의 신경을 있는 대로 긁어놓을 수도 있다는 우려 때문이었을지도 모른다.

땅콩 선생이 경제학을 공부한 것은 임용고시를 준비하면서부터였다. 다른 과목은 교재를 보면서 어느 정도 독학이 가능했는데, 경제학은 혼자서는 오를 수 없는 산이었다. 없는 주머니를 털어 종로에 있는 고시학원의 경제학 코스를 등록했다. 강사는 재경행시를 패스한 공무원이었다.(그 강사는 그 시절에도 투잡의 개념을 알고 실천한 듯.) 아무런 교수기법 없이 오직 원리와 이론을 설명하는 것을 중심으로 밋밋하게 진행되는 강의였다. 덕분에 수강생 중 절반 이상이 강의 도중 심한 졸음과 싸우면서 인내력, 의지력을 함양할 기회를 가졌다. 그런데 이 와중에 놀랍게도 땅콩 선생(이때는 아직 선생은 아니었지만)이 강의를 너무나 잘 따라가는 것이었다. 잘 따라하는 정도가 아니라 발군의 실력을 발휘하여 교수가 묻는 말에 너무나 대답을 잘하는 바람에 교수로부터 임용고시 관두고 재경행시를 공부하라는 권유까지 받았다. 땅콩 선생은 자기가 경제학을 잘한다는 사실에 스스로 큰 충격을 받았다.

'세상에! 경제학이 이토록 재미있는 학문이었다니! 나 정말 경제학 재능을 타고났나봐! 경제학과 대학원에 진학할까?

훗날 엄청난 착각이라는 사실을 알게 되었다. 경제학을 공부하는 초급단계에서 웬만큼 과정을 따라 잡는 이들이라면 누구나 겪는 현상이었다. 우여곡절 끝에 교사가 되는데 성공한 땅콩 선생은 사회과 여러 영역 가운데 경제 영역을 특히 사랑하였다. 경제학의 개념을 쉽게 풀어쓴 수많은 책들을 섭렵하며 수업시간에 사용할 사례를 풍부하게 준비하고, 문제집을 수없이 풀어보며 실전에 대응하는 방법을 체득했다. 땅콩 선생은 나름 날리는 경제 선생이 되는 데 일단 성공했다.

사회 과목에 대해 조금이라도 알고 있는 사람들은 눈치 챘겠지만, 이것이 참 애매하다. 일단 쉽게 보면 굉장히 쉽다. 한국말에 능숙하고 어느 정도 텍스트를 소화할 수 있는 능력만 있으면 누구나 가르칠 수 있다. 거기에 조간 신문을 잊지 않고 보는 정도의 시사적인 관심만 가지고 있으면 된다. 오죽하면 자기 과목이 과원이 되어 새로운 과목으로 자격 연수를 받아야 할 경우 가장 인기 있는 과목이 사회겠는가. 그런데 제대로 가르치려고 들면 확실한 게 하나도 없는 과목이 사회이다. 세상에 이럴 수도 있고 저럴 수도 있는 일이 얼마나 많은가. 원인을 확실하게 알 수 없는 세상 일은 또 얼마나 많은가. 똑떨어지는 해법이 없는 사회 문제는 얼마나 많은가. 그러니 무엇 하나 자신 있게 단언할 수가 없다.

수업시간에도 마찬가지이다. 웬만큼 한국어 독해 능력이 있는 학생이라면 시험 전날 교과서를 꼼꼼하게 읽는 것만으로도 시험 대비가 된다. 잘 하는 것은 어렵지만 웬만큼 하는 것은 정말 쉽다. 대부분의 학생들은 잘 하기보다는 웬만큼 하기를 원했고, 그러니 수업시간에 교사가 말발을 세우기가 쉽지 않았다.

경제는 다르다! 경제는 엄청 전문적으로 보인다. 일상생활에서 많이 사용하지 않는 용어와 개념도 등장하고, 그래프와 수식도 등장한다. 이럴 수도 있고 저럴 수도 있다고 일관하는 다른 영역에 비해 인간사의 복잡한 국면들이 하나의 수식과 그래프로 표현될 수 있다는 것은 짜릿한 일 아닌가? 게다가, 어렵다! 적어도 경제를 배우는 대부분의 학생들에게는 어렵다! 이제 땅콩 선생도 학생들 앞에서 말발을 세울 수 있게 된 것이다. 소싯적에

고시학원에서 갈고 닦으며, 이후 많은 독서와 문제 풀이를 통해 쌓아 올린 경제학 실력을 학생들 앞에서 선보이면 학생들은 땅콩 선생을 엄청 존경했다. 평소 사회 현상과 자연 현상의 차이와 같은, 똑똑하다면 초딩도 알 것 같은 뻔한 이야기를 심각하게 떠들던 때에 비하면 얼마나 훌륭해 보이는가! 경제는 땅콩 선생의 주력 과목이 되었다. 왜? 폼 나잖아!

모든 조건이 똑같다면

불운하게도 땅콩 선생의 행복은 오래 가지 않았다. 경제와 땅콩 선생의 밀월은 정식 발령을 받은 첫 학교(인문계 여자고등학교)의 임기를 마치고 두 번째 학교로 가면서 끝났다.

땅콩 선생의 두 번째 근무 학교는 실업계 고등학교였다. 중학교에서 "너 그러면 ○○간다!"하고 선생님들이 학생들을 위협할 때 언급하는 바로 그 학교! 땅콩 선생은 그 학교를 지원해서 갔다. 그때만 해도 인문계 고등학교에서는 전교생 강제 보충수업을 실시하던 시절이었다. 잠도 푹 자고, 적당히 즐거운 일도 만들어야 공부도 잘 된다는 굳은 믿음을 가지고 있고, 또 스스로 그것을 실천하면서 살아온 땅콩 선생으로서는 받아들일 수 없는 현실이었다. 하루 6~7시간 정규 수업에 더하여 아침저녁으로 보충수업을 하는 것은 인간이 정상적으로 견디어낼 수 있는 노동이 아니다. 과도한 학습 노동은 학생에게도 잔인한 일이었지만, 교사에게도 힘들기는 매한가지였다. 그래서 못한다고 버텼다. 쉽지 않았다. 보충수업 해라, 못한다로 몇 년을 끌어온 싸움에 지친 땅콩 선생에게 화가 난 교감 선생님이 말했다. 아니, 소리쳤다.

"그럼, 실업계로 가든가!"

그 격렬한 신경전의 와중에도 갑자기 땅콩 선생은 인생에 서광이 비치는 것 같았다. 맞아, 실업계가 있었지. 가자, 그곳으로. 보충수업과 야자가 없는 유토피아, 내 꿈의 학교로. 그래서 지 · 원 · 했 · 다!

실업계 학교에서의 생활은 정말 힘들게 시작되었다. 학생들은 온종일 학교에 오고 온종일 집에 갔다. 출석부는 사고지각, 사고조퇴, 사고결과, 사고결석 표시로 가득했고, 담임 교사의 가장 큰 업무는 출결 통계를 내는 일과 장기 결석자에게 제적 예고 통지서를 보내는 일이었다. 땅콩 선생은 여기서도 경제를 가르쳤다. 다행이라고 생각했다. 자신 있는 영역이니까.

기회비용이라는 개념을 가르칠 때였다. 기회비용이란 여러 가지 대안들 가운데 하나를 선택하느라고 포기한 것들 가운데 가장 가치 있는 대안을 의미한다. 다시 말해 땅콩 선생이 갑돌이, 을식이, 병호, 정진이, 이 네 명의 구혼자들 가운데 가장 괜찮아 보이는 갑돌이를 선택했다면 이때 포기한 을식이, 병호, 정진이 가운데 가장 아쉬운 병호가 기회비용이 되는 것이다. 경제학에서는 이 기회비용을 이해하는 것이 매우 중요하다. 땅콩 선생은 고심 끝에 학생들이 알바를 많이 한다는 점에 착안하여 수업을 구성했다.

"알바를 하려고 해. 주유소랑 편의점 가운데 하나를 선택할 수 있어. 주유소는 시간당 2,500원 주고 편의점은 시간당 2,000원 준대. 다른 조건이 모두 같고 시급만 다르다면 너희는 어디를 택할래?"

"편의점이요."

"왜?"

"주유소는 냄새 나요."

"다른 조건은 모두 같다니까. 냄새 안 난다고 쳐봐. 어디를 택할래?"

"편의점이요."

"왜?"

"주유소는 겨울에 추워요."

"다른 조건은 모두 같고 시급만 다르다니까. 안 춥다고 쳐봐. 어디를 택할래?"

학생들은 계속 편의점을 택하겠다고 우겨댔고, 땅콩 선생은 계속 아니라고 쳐봐, 다른 조건이 모두 같고 시급만 다르다면 어떻게 하겠냐고 물었다. 땅콩 선생이 슬슬 화가 나려고 하는 참에 한 학생이 울상이 되어서 말했다.

"우씨! 같지 않은데 왜 같다고 하래요? 주유소 일 엄청 힘들단 말이에요! 난 편의점이 더 좋아요."

그 학생의 어조가 너무 절박해서 교실에는 정적이 찾아들었다. 땅콩 선생이 그 학교에 간 뒤 수업시간에 처음으로 경험하는 정적이었다. 그 뒤로 그 사태를 어떻게 수습하고 수업을 마무리 지었는지는 땅콩 선생도 기억하지 못한다. 안 좋은 일은 빨리 잊고 자기에게 유리한 일만 기억하는 선택적 기억 능력이 탁월한 땅콩 선생에게는 당연한 일이었다.

하지만, 모두 잊을 수 있는 것은 아니었다. 주유소 일 엄청 힘들다고, 같지 않은데 왜 같다고 하냐고 항의하던 학생의 항변은 땅콩 선생의 장기 기억에 새겨졌다. 무엇이 문제였을까? 땅콩 선생은 처음에는 학습 능력이 떨어지는 학생들이라 추상화, 일반화 능력이 부족해서라고 생각했다. 같지 않은데도 같다고 생각하는 것은 고도의 추상화 능력을 필요로 하는 일이다. 현실에서 구체적으로 보이는 정보를 외면하고 내가 생각한 논리의 세계로 들어가라는 이야기니까 학생들에게는 어려웠을 것이다. '어려웠구나. 그럼, 쉽게 가르쳐야지.' 이렇게 생각했다.

어떻게 하면 기회비용을 쉽게 가르칠지를 매일매일 고민했다. 그러다가 문득 더 중요한 의문이 떠올랐다.

'왜 같지 않은 것을 같다고 해야 하지?'

문제의 수업에서 한 학생이 볼멘소리로 던진 바로 그 질문이 땅콩 선생을 바꿔 놓았다.

사회 공부를 왜 하지

땅콩 선생은 학생들이 사회를 배우는 이유를 생각해 보았다. 시험에 나오니까? 대학 가야 하니까? 이런 이유들을 대는 것은 솔직한지는 몰라도 품위가 없다. 게다가 결정적으로 위기 상황에서 문제를 해결하는 데 도움이 안 된다.

"너 이것도 몰라서 어떻게 대학 가려고? 이거 수능에 잘 나오니까 꼭 알아야 해!"라고 교사가 말할 때 많은 아이들에게는 설득력을 가진다. 아니꼽고 치사해도 어쩌랴. 아쉬운 건 나인 것을. 그런데 이 설득의 논리는 '대학 간다'는 것을 전제로 한다. 그러므로 "선생님, 저 대학 안 갈 건데요." 하면 게임 아웃이다. 교사들이 공부해야 하는 이유를 설득해야 하는 학생들은 대체로 "저 대학 안 갈 건데요." 부류인 경우가 많다.(정말로 그들이 대학을 원하는지 아닌지는 이 국면에서는 문제가 되지 않는다.) 그러므로 교사들은 번번이 패배한다. 땅콩 선생이 근무하던 그 학교가 그랬다. 땅콩 선생은 진심으로 궁금해졌다. 이 아이들이 사회를 배우는 이유가 뭐지? 뭘 배워야 더 행복해지지? 사회 공부를 해야 하는 정말 멋진 이유가 있어야 학생들을 설득할 수도 있고, 교사도 신념을 가질 수 있다. 그 멋진 이유를 늘 생각하며 그 목적에 맞도록 수업을 구성할 수도 있다.

'학교는 사회를 왜 가르칠까?'

생전 처음 교육과정을 꼼꼼히 들여다보기 시작했다. '바람직한 민주시민'이 되는 것이 사회를 공부하는 이유라고 한다. 마음에 들었다. 적어도 수능 잘 보고 내신 좋아야 대학 가니까, 라고 답하는 것보다는 미래 지향적이고 품위 있지 않은가. 게다가 폼 난다. '좋아, 이거야!' 그런데…….

'바람직한 민주시민'은 뭐지? 나는 시민이면서 동시에 그냥 개인인데, 행복해지고 싶은데, 그건 공부하는 이유가 될 수 없을까?

땅콩 선생은 학생들을 설득하고, 수업을 구성하는 데 근거가 될 지침을 정리해 보았다. 땅콩 선생이 원래 체계적인 인간은 아니기 때문에 지침은 다음과 같이 생소한 형태로 정리되었다.

Q. 사회 공부는 왜 하나?

A. 행복해지기 위해서 한다.

Q. 어떻게 해야 행복해지는데?

A. 좋은 선택을 하면 행복해진다.

Q. 좋은 선택?

A. 나를 위한 선택, 공동체와 지구를 위한 선택.

Q. 나를 위한 선택은 무엇인데?

A. 늘 스스로에게 묻는 것이다. 이것은 무엇을 위한 선택일까? 나의 행복에 보탬이 되나? 부모님을 만족시키기 위해, 사회적 기준에 맞추기 위해 선택하지 않고 내 행복을 기준으로 선택하는 것이다.

Q. 공동체와 지구를 위한 선택은?

A. 내 선택 덕분에 다른 누군가도 행복해져야 한다는 것이다. 내 선택으로 다른 사람이 불행해지거나 지구 환경이 파괴되면 곤란하지. 적어도 남의 불행이나 환경 파괴를 최소화해야 한다.

Q. 그러려면 무엇을 공부해야 하는데?

A. 의미.

Q. 의미?

A. 내 눈에 보이는 이 현상의 의미. 나에게 미치는 의미. 세계에 미치는 의미.

Q. 그거면 되나?

A. 능력과 태도 혹은 마음가짐도 필요해. 상황을 파악할 수 있는 능력, 내가 상황을 바꿀 수 있다는 믿음, 결국은 행복이 제일 중요하다는 마음가짐 말이야.

이렇게 정리를 하고 나니 무엇을 해야 할지가 조금은 분명해진 것 같았다. 예를 들어 기회비용 수업은 슈바이처가 목사나 파이프오르간 연주자의 삶을 포기하고 의사가 되어 아프리카 오지로 들어가기로 선택한 것을 중심으로 바뀌었다.

"왜 이런 선택을 했을까?"

"선택한 것과 포기한 것의 가치 가운데 어떤 것이 더 클까?"

"슈바이처는 어떻게 생각했을까?"

"너희들은 어떻게 생각하니?"

"이와 같이 포기하고 선택한 사례가 또 있을까?"

"슈바이처의 선택은 이 세상에 어떤 영향을 미쳤을까?"

"그 영향도 슈바이처가 선택한 것의 가치에 포함될 수 있을까?"

소비자가 아닌 시민으로 살기

어떤 내용이 교육과정에 포함되거나 포함되지 않는 과정은 매우 정치적이다. 각 과목의 관련 학자·교수·전문가·교사들의 이해관계가 여기에 얽혀 있다. 또한 매우 사회적이다. 한 사회의 다수가 '이런 것은 학교에서 마땅히 배워야 한다'고 생각하는 것은 포함되지만 그렇지 않은 것은 제외된다. 의외로, 정작 그 교육과정에 따라 배우게 될 학생들의 필요나 요구는 큰 변수가 되지 않는다. 별로 믿을 만한 것이 못되는 통계자료 속에서나 학생들의 의견이 반영될 뿐이다.

특히 경제 영역은 정치적이고 사회적인 특성이 더욱 강하게 나타난다.

공교육과정에 공식적으로 한자리씩 자리를 차지하고 있는 교과들은 어떤 형태로든 모학문을 가지고 있게 마련인데, 현재 일반 사회 영역 전체에서 보면 모학문과 가장 차이가 없는, 즉 '모학문에 의한 식민화'가 가장 심한 영역이 바로 경제이다.

교사는 별다른 의심 없이 학생들에게 주류 경제학의 기본 개념을 침 튀기며 설파하고 학생들은 열심히 문제를 풀며 공부한다. 몇차 교육과정에 의거한 것이든 경제교과에서 가장 중요하게 취급되는 내용 가운데 하나는 수요와 공급에 의한 가격 결정이다. 교과서에서 그래프는 나타났다 사라졌다 하지만, 가르치는 기본 내용은 언제나 동일하다. 수요량은 가격과 역의 관계이고, 공급량은 가격과 정의 관계이며, 시장에서 시장 수요곡선과 시장 공급곡선이 만나는 지점에서 균형 거래량과 균형 가격이 형성된다. 단, 그 시장이 완전 경쟁 시장이라면! 교과서에 그래프가 실려 있든 사라지든 교사는 대학 때 배운 대로 칠판 가득 그래프를 그렸다 지웠다 하며 수요곡선과 공급곡선을 이동시키면서 그 아름다운 균형 상태를 만들어내는 시장 경제의 '절대 법칙'을 설명한다.

학생들은 이 과정에서 시장 가격은 마치 자연법칙에 따르는 것처럼 형성된다고 믿게 된다. 이 믿음은 경제는 경제 고유의 영역이 있고, 경제 자체의 원리로 움직이게 된다는 믿음으로 발전한다. 정치는 정치, 경제는 경제인 것이다. 정치는 사람의 문제이지만 경제는 원리의 문제로 남게 된다. 적어도 학생들의 머릿속에서는. 이것은 극단적으로 말하면 무기력한 개인을 양산하게 된다. 적어도 경제 앞에서는. '경제 논리에 따르면'

이라는 말이 등장하면 그것은 민주적 의사결정 과정과는 독립되어 자연 법칙에 따라야 하는 것처럼 믿게 되기 때문이다.

그러나 경제에는 경제만의 논리가 있다는 것 자체가 얼마나 정치적인 주장인가. 이미 수요 공급의 기본 원리들은 무수한 비판을 받아오고 있다. 현실에는 진정한 완전 경쟁 시장이란 존재하지도 않으며, 주류 경제학이 논리 전개의 맨 앞에 입버릇처럼 달고 있는 말, '모든 조건이 같다면' 이라는 경제학의 진공 상태 또한 존재하지 않는다. 경제 현상은 당연히 정치, 사회, 문화 현상과 밀접한 연관을 가지고 전개되며, 오로지 순도 100% 경제뿐인 현상이란 없다. 수식과 그래프 속에서 실종되어 버린 정치, 사회, 문화 현상을 찾아 사회 현상을 총체적으로 이해하도록 해주는 것, 그러한 이해에 기반하여 제대로 된 의사결정을 하도록 도와주는 것, 그리하여 경제 분야에서도 바람직한 민주시민으로서 판단하고 행동하도록 하는 것이 경제교육의 제자리가 아니겠는가.

땅콩 선생은 생산자, 소비자로 개념화된 존재가 아니라 시민을 되살려내는 것, 그것이 오늘 경제교육이 지향해야 할 바가 되어야 한다고 믿는다.

"우리는 지난 60년대에 시민에서 소비자로 돌연변이를 겪었습니다."
《어디에도 없는 곳의 지리》의 저자 제임스 컨슬러는 이렇게 말한다.

"소비자가 되었을 때 곤란한 점은 소비자는 다른 소비자들에 대해 아무런 의무도 책임도 당위도 없다는 것입니다. 시민에게는 그런 것이 있습니다. 시민은 동료 시민들에 대해, 도시의 환경과 역사의 보전에 관심을 기울일 의무가 있습니다."

그런데, 아이들이 배워야 하는 현실은 어떤 것일까?

10억 만들기를 부추기는 사회에서 행복하게 살아남는 법

"여자의 피부는 권력이다."

서울 지하철 3호선에서 7호선으로 환승하는 고속터미널 역에 높이 걸린 커다란 광고판이 땅콩 선생의 발걸음을 붙잡는다. 티 한 점 없이 아름다운 피부와 단정한 이목구비의 여인이 저 높은 곳에서 땅콩 선생을 내려다본다. 그녀는 중전이나 공주쯤으로 보이는 옷을 입고 있다. 그렇다면, 땅콩 선생은? 무수리? 언년이?

불쾌감과 동시에 땅콩 선생을 덮치는 것은 불안감이다. 주름지고 거친 피부 때문에 권력 한 줌 없이 퍼석퍼석하게 내동댕이쳐질 것에 대한 불안감. 땅콩 선생은 그 화장품 광고를 다시 유심히 본다. 어떤 제품인지를 기억하기 위해서이나. 애쓰시 않고노 그 이름은 땅콩 선생의 빈약한 기억 시스템에 안착한다. 아마도 우리는 가까운 시일 내에 피부 상태를 개선하여 권력의 한 줌이라도 움켜쥐어 보려고 땅콩 선생이 지갑에서 신용카드를 꺼내는 장면을 만날 수 있는 것이다. 시장은 불안을 먹고 큰다. 그래서 끊임없이 불안을 부추긴다.

댁의 자녀가 남보다 뒤쳐지기를 바라시는 것은 아니겠죠? 이 학습지의 회원이

□ 《어플루엔자》 존 더 그라프 외 지음. 한숲출판사, 2004

되셔요.

살이 찌면 사회의 낙오자가 되요. 사랑받지도 못해요. 이 약을 드세요.

땅콩 선생이 가르치는 많은 학생들은 최신형 이동 전화를 갖고 싶어 한다. DMB와 PMP, I-Pot과 같은 것들은 아이들의 위시 리스트 1순위에 올라가 있다. 그 밖에도 명품(이 어렵다면 유명 메이커라도) 가방이나 의류를 원한다. 학생들의 위시 리스트는 끝이 없다. 많은 부모들은 자녀의 욕망을 통제를 위해 이용한다. 네가 이번 중간고사에서 더 좋은 성적을 거둔다면, 네가 서울 시내의 유수한 대학에 합격한다면, 네가 원하는 것을 사 주마, 하고 약속을 내건다. 조건을 다는 한이 있어도 사줄 능력이 있는 부모를 둔 운 좋은 경우가 아니라면 학생들은 스스로 돈을 번다. 이들이 얻을 수 있는 알바는 대부분 시간당 3,000원 남짓한 임금을 지급하는 일들이다.[*] 그래서 나는 편의점에서, 주차장에서, 프랜차이징 커피숍에서 최저 임금도 못 받고 일하는 제자들을 만난다. 이렇게 번 돈으로 핸드폰 요금을 내고 나이키 운동화를 사 신으며, 스타벅스에서 커피를 마신다.

아이들이 부모와 거래를 하면서, 혹은 놀거나 공부하기에도 부족한 시간을 아껴서 저임금의 알바를 뛰면서 무언가를 손에 넣고자 애쓰는 것은

[*] 운이 좋아 학생 알바에게 법정 최저 임금을 지급하는 업소에서 일하게 된다면 얼마나 받을까? 2008년 기준 법정 최저 임금은 시간당 3,770원이다. 교과서에는 최저 임금제가 가격 상한제로 기능하여 초과 공급을 일으키게 된다는 이야기기만 나올 뿐, 세상에 법정 최저 임금이란 게 존재한다는 사실, 그것을 위반하면 불법이라는 것, 그 액수와 같은 것은 설명하지 않는다. 이게 문제다.

이 사회가 소비를 부추기는 사회이기 때문이다.

교육은 사람이 더 좋은 존재로, 더 나은 삶을 살아가는 것을 지향한다. 교과로 이루어진 학교에서의 교육도 제대로 된 교육이 되기 위해서는 이와 같은 교육의 지향과 같은 방향이어야 한다. 그렇다면 더 좋은 존재로, 더 나은 삶을 살아가는 것을 돕기 위해 경제교과에서는 무엇을 가르쳐야 할까? 바로 지금 내가 살아가고 있는 이 사회를 아는 것이 출발점이라고 생각한다. 경제교과는 지금 학생들이 살아가고 있는 이 사회를 움직이는 메커니즘을 알고 대안을 모색할 수 있도록 돕는 역할을 할 수 있을 것이다.

지금 우리는 소비를 권장하는 사회에서 살고 있다. 자급자족 경제로부터 상품 생산(산업) 사회로 변화한 이후 우리의 삶은 자신의 필요가 아니라 다른 사람의 필요를 충족시키기 위해 일하며, 그렇게 해서 벌어들인 소득으로 자신의 필요를 충족시키기 위해 돈을 쓴다. 그런데 사람들이 정말 살아가는 데 필요한 것만을 소비한다면 이 사회는 유지되기 어렵다. 왜냐하면 자본은 끊임없는 이윤 추구를 통한 자기 증식을 생존 논리로 존재하기 때문이다. 그러므로 사태는 계속해서 사람들이 더 많은 것을 욕망하도록 부추긴다.

예컨대, 1986년 미국인들은 운동복에 130억 달러 이상을 소비했는데, 그것은 그들이 13억 시간에 달하는 여가 시간을 레저 의류와 교환했다는 것을 의미한다. 돈을 쓰는 데는 시간이 걸린다. 돈을 벌기 위한 시간, 쇼핑할 시간, 그리고 유람용 모터

보트나 패키지 투어 등 돈으로 구매한 물건들을 사용할 시간이 필요하다.

그리하여 최종적으로 사람의 존재는 그가 소비하는 것으로 전환된다. 이제 내가 누구인가를 말해주는 것은 나 자신이 아니라 내가 소비하는 것들이다. 그래서 부유층을 위한 큰 평수의 아파트 광고는 말한다.

"당신이 사는 곳이 당신이 누구인지 말해줍니다."

그렇다면 왜 우리 사회는 소비를 부추기는 문화를 만들어내는가? 우리 사회의 주류 문화를 만들어내는 힘이 자본을 가진 쪽에 있고, 자본은 사람들이 소비를 열망하는 데서 두 가지의 이득을 동시에 누리게 되기 때문이다. 첫 번째 이득은 무엇일까? 당연히 자본은 사람들이 많은 것을 사들이면 사들일수록 많은 이윤을 얻을 수 있게 된다. 채워지지 않는 인간의 욕망이 만들어내는 거대한 소비 시장은 황금알을 낳는 거위이다. 기업이 만들고 문화가 그것을 욕망하게 하면, 사람들은 계속해서 그것을 구입하게 되는 것이다. 그런데, 우리가 지나쳐 버리기 쉬운 두 번째 이득이 있다. 사람들이 사고 싶은 것이 많아지면, 소유한 것이 많아도 더 많은 것을 소유하고 구매하기를 원하면, 사람들은 그것을 위해 돈을 벌려고 한다는 것이다.

사람들이 본성적으로 '무한한 욕망'을 가진 존재는 아니었다. 실제로 전통사회의 삶의 방식을 가지고 있던 지역에 서구 자본주의가 침략해 들어

□ 《일의 발견》 조인 B. 시올라 지음, 안경진 옮김, 다우, 2005

가던 시절, 서구인들이 경험했던 가장 큰 어려움은 전통 사회의 사람들은 일단 당장 먹고 살 것이 있으면 더 이상 일하려 하지 않는다는 것이었다. 그래서 이들을 계속해서 일터에 묶어 두기 위해 그들에게 강제로 돈이 필요해지도록 해야 했는데, 이를 위해 식민지 사람들을 중독자로 만들었다. 마약은 강한 중독성을 가지고 있고, 이들의 전통적인 사회 구조 속에서 자급자족으로 손에 넣을 수 있는 물건이 아니었다. 마약에 중독된 사람들은 마약을 손에 넣기 위해 돈이 필요했다. 그래서 그들은 일터에 묶였다. 자발적으로.

자본은 사람들을 소비중독으로 몰아넣음으로써 이중의 이득을 취하는 셈이다. 그리고 이것을 위해 문화의 여러 형식들을 동원하여 소비를 열망하게 만드는 것이다. 이 같은 구조를 일찍 알아차리고 경제사에 큰 족적을 남기면서 어마어마한 돈을 벌어들인 사람은 헨리 포드였다. 헨리 포드는 자동차의 생산 공정을 세분화하여 대량 생산할 수 있는 시스템을 구상했다. 그런데, 전과는 완전히 차원이 다르게 기계적으로 분업화되고 강도 높은 그 일을 하러 포드사에서 일하기를 바라는 노동자가 있을까? 사람들은 의문을 제기했다. 포드는 아주 분명한 해법을 찾아냈다. 당시 동종 업계의 몇 배 수준에 달하는 고임금을 지급한 것이다. 그리고 말했다. 우리는 우리 회사에서 일하는 노동자들이 우리 회사에서 만들어낸 자동차를 소유할 수 있는 세상을 만들 거라고. 그리고 그렇게 되었다. 노동자들은 자동차를 소유하기 위해 지루하고 강도 높은 단순 노동을 기꺼이 감수하였으며, 포드는 이를 통해 두 가지 이득을 손에 넣었다. 노동자들이 더 열심히 안정적으로 일해 준 덕분에 임금 상승을 상회하고도 남을 만큼의 생산성을 향상시키고, 동시에 자기 회사의 자동차를 어마어마하게 팔아치워 부자가 되었다. □

자본주의는 소비중독을 먹고 산다. 한편으로는 열심히 일하고 다른 편으로는 열심히 구매하고 소비하는 인간형이 자본주의에 가장 적합한 인간상이다. 따라서 가정, 학교, 군대, 직장, 언론 등 모든 삶의 공간에서 근면 성실한 인간을 가장 훌륭한 인간으로 칭송함과 동시에 광고와 유행에 민감한 소비자로 살도록 체계적으로 교육한다. ■

자본이 자기실현을 위해 처음엔 물리적 폭력을 많이 동원했으나 갈수록 물질적, 상징적 보상이 많아지면서 사람들이 자본의 논리를 내면화하게 되었다. 이제 자본 스스로 나설 필요가 없게 된 것이다. 사람들이 스스로 일중독과 소비중독에 빠져서 자본을 증식시키는 데 적극 동참하기 때문이다.

부자가 되고 싶어 하는 아이들에게 경제 교사가 가르쳐야 하는 것은 돈 많이 버는 방법이 아니라 돈 없이도 혹은 적은 돈으로도 행복해지는 방법이다. 행복은 욕망에 반비례하고 소비에 비례하는 함수(행복=f(소비/욕

□ 《권리를 상실한 노동자 비정규직》 장귀연 지음, 책세상, 2006
■ 《일중독 벗어나기》 강수돌 지음, 메이데이, 2007

맹))이므로■□ 소비를 늘려서 행복을 증대시킬 수도 있겠지만, 욕망을 줄여 행복을 증대시킬 수도 있다는 것을 깨닫도록 도와주어야 하는 것이다. 10억을 벌어 부자가 된다고 해서 그것이 곧바로 행복에 연결되는 것은 아니라는 것, 그 10억을 벌기 위해 지불해야 할 것이 있다는 것■■ 을 알게 해 주어야 한다.

학교에서 경제를 가르친다는 것

문화의 힘은 놀라운 것이어서 한 세기 전이라면 매우 기이한 일로 간주되었을 많은 현상들을 그 사회의 구성원들로 하여금 당연한 것, 바람직한 것으로 받아들이게 한다. 우리를 둘러싼 문화의 많은 부분들이 근대 이후 발명되었다는 사실을 전적으로 외면한 채, 시공을 초월하여 보편적인 것으로 간주하는 경향이 있다.

교육 역시 산업화의 강력한 동력에 의해 급속히 기계화된 대량 생산의 길을 걷게 된다. 규격에 맞는 전문가들이 제도적으로 인정된 기관에서 가르치는 것을 규격대로 배워야 이 사회는 그의 배움을 인정한다. 백 년 전이었다면 자연스러웠을 삶과 교육의 결합은 근대적인 형식에 맞지 않다는 이유로 배격된다. "채소에 등급 매기는 것과 같은 방법으로 사람들에게 등급을 매김으로써, 그리고 그 밖에도 수십 가지 천박하고 우매한

■□ 《시장은 우리를 행복하게 하는가》 이정전 지음, 한길사, 2002
■■ 《불행한 재테크 행복한 가계부》 제윤경 지음, 티비, 2007

방법으로 학교라는 조직은 사회의 생명력을 훔쳐내고 추악한 기계론만을 심어놓"□는다.

이렇게 제도화된 학교교육은 배움의 과정 자체를 표준화하면서 학교에서 획득한 지식만을 가치 있는 것으로 믿게 만드는 힘을 발휘한다. 이때 학교에서 가르치는 지식은 산업사회가 요구하는 가치를 반영한 것이다. 전통사회에서 가치 있었던 많은 것들은 미신이고 비합리적이라는 이유로 우리의 삶에서 밀려나게 된다. 소득 수준이 삶의 질을 규정한다고 믿게 되고, 빠른 속도가 인간에게 시간을 벌어준다고 믿게 된다. 다양성은 표준화로 대체되고 과정보다는 결과가 중시된다. 같은 나이의 수많은 아이들을 한 장소에 모아놓고 동일한 시간에 동일한 활동을 하도록 하는 기형적인 일이 가능하도록 만들기 위해서는 피할 수 없는 선택이다. 게다가, 합리성을 강조하고 표준화를 추구하는 일은 장차 그 아이들이 자라서 일하게 될 직장에서도 꼭 필요한 규범이기 때문에 학교를 통해 교육을 제도화하는 일을 머뭇거릴 이유는 없다. 그로 인해 이제 아이들은 제도화된 가르침 이외에 다른 것을 진정으로 배울 시간이 전혀 없다.

이 같은 이유로 분업화된 사회 속에서 가르침이라는 소외된 노동을 업으로 하는 이들이 증가하는 것은 불운한 일이다. 제도화된 학교교육이 학생들로부터 참된 배움의 기회를 빼앗아간다면, 가르치는 이들에게도 참된 가르침의 기회를 박탈하는 일이 될 것이다. 가르치고 배우는 일이 사

□ 《바보 만들기》 존 테일러 개토 지음, 김기협 옮김, 민들레, 2005

실은 하나의 과정이므로 가르침과 배움 양쪽 측면에서 소외는 동시에 발생하고 있기 때문이다. 일리치는 "교육이라는 이름이 붙은 상품과 학교라는 제도는 서로를 필수적인 것으로 만들어 준다. 이 서로 돕는 고리는, 제도가 목적을 정하게 되었다는, 널리 공유된 통찰에 의해서만 깨질 수 있다."고 주장하면서 이 시스템이 노예제와 다름없다고 말한다.

경제교과 역시 이 시스템에서 전혀 자유로울 수 없다. 경제교과를 어렵고 재미없는 것으로 만드는 일은 새로운 우민화 정책이다. 그 이유는 첫째, 다수의 학생들이 절대로 이해할 수 없을 정도의 어려운 내용들을 학습하도록 요구함으로써 무력감과 좌절감을 체화하도록 만든다는 것이다. 무력감과 좌절감은 복종을 삶의 방식으로 하는 노예들을 만들어내는 데 꼭 필요한 것이기 때문이다. 두 번째 이유는 높은 추상화의 단계를 거침으로써 삶의 본질을 들여다보는 것을 가로막는다는 것이다. 특히 주류 경제학을 모학문으로 하여 구성된 우리 경제 교과서는 학생들에게 수요와 공급의 함수와 그래프를 원리도 모르는 채 공부하게 하면서, 절대로 무너질 수 없는 자연법칙인 것처럼 체화하도록 만든다. 예를 들어 현실 속에서 노동과 관련된 제반 문제들(실업의 고통, 비정규직에 대한 부당한 처우, 근로 조건의 미비 등)은 노동 시장에서의 수요와 공급으로 탈맥락화되는 과정을 거친다. 여기에는 '차가운 머리'만 있을 뿐 '뜨거운 가슴'은 없다.

■ 《학교 없는 사회》 이반 일리치 지음, 심성보 옮김, 미토, 2004

행복을 배우는 경제수업

땅콩 선생은 몽땅 바꾸기로 했다. 수업의 모든 것을. 목표와 내용과 방법 모두를. 결론부터 말하면 몽땅 바꾸지는 못했다. 땅콩 선생은 여전히 대학 입시가 가장 중요한 목표로 치부되는 인문계 고등학교의 룰을 전면으로 뒤엎을 만큼 배짱이 좋지 못하다. 학교 시스템을 완전히 뛰어넘을 만큼 유능하지도 못하다. 그래서 바꿀 수 있는 것부터 바꾸고 있다.

얼마 전 땅콩 선생은 매우 흥미로운 이메일을 하나 받았다. 방학 중 교사를 대상으로 하는 수업방법 개선 연수에 강의를 맡아달라는 요청이 담겨 있었는데, 땅콩 선생의 흥미를 끈 것은 그 메일의 말미를 장식한 문장이었다.

단순히 수업방법의 개선에 대한 것만이 아니라 그 과정에서 선생님이 겪었던 여러 가지 것들, 그 아픔까지도 함께 나누고 싶습니다.

결론부터 말하면 땅콩 선생은 이 제안을 거절할 수밖에 없었다. 수업방법을 바꾸어 나간 과정과 그 과정에서 땅콩 선생이 거쳐 왔던 질문과 질문의 방식들을 함께 나눌 수는 있겠지만, '아픔' 까지 함께 나눌 수는 없다고 판단했다. 왜냐하면 땅콩 선생에게는 애초부터 아픔이 없었다. 많은 이들이 잘못 생각하고 있는 것은 바로 이 부분이다. 바꾸어도 아픔을 주는 이는 없다. 학교 시스템을 뒤엎는 것도 아니고 대한민국의 교육제도를 완전히 바꾸자고 하는 것도 아니고, 땅콩 선생이 개인 수준에서 소소하게 이룬 변화들에 아픔을 주려고 하는 이는 없던 것이다. 그냥 아플 것이라고 지레 겁먹고 있는 것은 아닌지 자문해 볼 일이다. 이렇게 장담할 수 있는 이유는 무엇보다 땅콩 선생이란 인간 자체가 그렇게 훌륭한 인격을 소유한 사람이 아니어서 아픔을 딛고 무언가를 지속적으로 추구하지 못하는 존재이기 때문이다.

땅콩 선생은 노력해도 잘할 수 없는 것도 있다는 사실을 인정하기로 했다. 모두가 최고가 될 수는 없다. 그럼? 경제수업 시간이 즐겁고 행복해서 '나 그 수업 좋아했었지' 라고 학생들이 훗날 추억할 수 있다면, 교사에게 있어서는 최고의 찬사일 것이라고 생각한다. 그러므로 땅콩 선생의 목표는 학생들이 사회를, 경제를 좋아하게 하는 것이다. 잘하는 것은 그 다음이라고 생각한다.

'좋아하면 노력하게 되고, 그러다 보면 잘하는 사람도 생기겠지.'

그렇다면 땅콩 선생의 수업에서는 어떤 일이 벌어지고 있을까? 이제부터 땅콩 선생의 수업을 소개하고자 한다. 따라하고 싶은 사람을 위해서는 진행 방법을, 결과가 궁금한 사람을 위해서는 학생들의 작품을, 다른 수업에 적용하고 싶은 사람을 위해서는 다양한 응용 방법을 소개할 것이다. 하지만, 방법에만 집중하지 말고 의도에 귀를 기울여 주었으면 한다. 그렇다고 심각하게 자세를 바꾸어 밑줄 그을 준비를 할 필요는 없다. 땅콩 선생의 수업에는 밑줄 쫙 그을 만큼 심각한 이야기는 없다. 땅콩 선생과 학생들이 여러 번거로움에도 불구하고 이 수업을 하는 내내 즐겁고 행복했듯이, 이 책을 읽는 여러분들도 함께 즐겁기를 바란다.

땅콩 선생이 가려 뽑은 경제책들

이 책을 읽기 전부터, 혹은 이 책을 읽은 후부터 새로운 경제교육에 대한 관심이 높아진 이들을 위해 다음 책들을 권한다. 세상에는 좋은 책들이 넘쳐 나기 때문에 몇 권으로 한정 짓는 일은 어쩌면 스스로 커다란 오류를 자초하는 일이 될 것이다. 오류의 위험에도 불구하고 책을 권하는 것은 엉성하게나마 약도를 그리는 마음에서이다. 새로운 길을 찾는 여정에 나선 이에게는 부족한 것 투성이다. 정교하고 정확한 지도를 기대할 수 없다면 이런 저런 입소문이라도 도움이 되지 않겠는가.

너무 전문적인 책은 제외했다. 전문적인 책들을 찾을 정도로 이 주제에 관심이 깊은 독자에게는 땅콩 선생의 안내가 별 필요가 없을 것이다. 또한 서점의 베스트셀러 목록에 오르내리는 '알기 쉬운~' 류의 책들도 제외했다. 이런 류의 책들에 대한 정보는 손쉽게 얻을 수 있을 뿐더러 한두 권 읽다 보면 제풀에 지치기도 하고, 우리가 원하는 것은 '알기 쉬운~'에 없기 때문이다. 읽는 이의 독서 능력에 따라 크게 달라질 문제지만, 어느 정도 독서 능력을 갖추었다면 고등학생에게도 망설이지 않고 권할 수 있는 난이도의 책 가운데 골랐다. 이 가운데서도 특히 읽기 수월한 책(보통의 고등학생이나 똑똑한 중학생이 읽을 수 있는 정도)에는 *표시를 해 두었다.

지구를 구하는 경제책 강수돌 지음, 봄나무, 2005 *

초등학생을 대상으로 쓴 쉽고 좋은 경제책이다. 저자는 어린이 경제책에도 돈 버는 이야기만 가득 한 걸 보고 모두가 더불어 건강하게 사는 경제 이야기책이 필요하다고 생각하여 이 책을 썼다고 밝히고 있다. 왜 집값은 오르기만 하는지, 왜 쌀을 수입에 의존하면 안 되는지, 왜 가난한 사람은 더 가난해지고 부자는 더 부자가 되는지와 같은 의문에 친절하게 일러주고 있다. 초등학생을 위한 책이라고는 하지만, 무시해서는 안 된다. 교사들에게도 큰 도움이 된다. 학생들에게 이렇게 설명하면 되겠구나, 하면서 무릎을 치게 된다.

일중독 벗어나기 강수돌 지음, 메이데이, 2007

오늘 우리 사회의 일중독 문제를 진단하고 해결책을 모색하는 책이다. 새벽부터 밤늦게까지 이어지는 장시간 노동을 기꺼이 받아들이는 고3 교사들을 찬양하는 학교에서 혹시 오늘도 열심히, 성실하게, 최선을 다하라는 가르침을 전하고 있는가? 어쩌면 이것이 일중독을 보급하는 데 한몫하고 있는 것이라면? 저자는 "과연 내가 지금 하는 일은, 행복한 삶에 얼마나 도움이 되는가?"라는 질문을 오늘도 내일도 스스로에게 던지라고 권하고 있다.

'성실한 게 뭐가 어때서?'라는 의문이 생긴다면 다음을 보라.

"밤늦게까지 도서관에 남아 마치 대단한 진리 탐구라도 하듯이 공부하는 습관이 수년 동안 몸에 흠뻑 배게 되면, 마침내 주말이나 휴일에 집에서 한가하게 놀기가 두려워지는 사태가 발생한다. 그러다보니 학생들은 대개 일단 가방을 도서관이나 독서실에 갖다 놓고 나서야 밖에 나가 놀아도 마음이 편안하다. 이렇게 형성된 사회적 DNA는 나중에 직장에 가서도 똑같은 관성을 발휘한다. 즉 사람들은 하루 종일 일하고 또 밤늦게까지 잔업을 하고 별을 보며 퇴근할 때 '아, 한국 경제를 위해 참 훌륭한 일을 많이 하고 나가는구나'라며 뿌듯함을 느낀다. 마치 중고교 학생들이 밤늦게 도서관 문을 나서며 '아, 오늘도 나는 엄청난 공부를 하고 귀가하는구나!'라며 뿌듯해하는 것과 같다. 이런 식으로 오로지 훌륭한 노동 능력과 노동 자세를 갖춘 노동력이 학교라는 공장에서 대량으로 양성되지만 그 과정 자체가 인간적으로는 일종의 파괴 과정이므로 이 과정에서 모두들 큰 상처들을 안고 나오게 된다."

누가 세계를 약탈하는가 반다나 시바 지음, 류지한 옮김, 울력, 2003

저자는 인도인이며 여성이다. 핵물리학을 전공한 물리학자였다가 환경 사상가이자 환경 운동가가 되었다. 《누가 세계를 약탈하는가》는 식량을 상품화한 다국적 기업들에 의해 세계 식량 공급이 어떤 식으로 왜곡되고 있는지를 아주 구체적으로 보여주면서 식량 민주주의의 회복을 위한 대안을 모색하는 책이다. 전통적으로 겨자기름을 사용하던 인도인들의 식생활이 대량 생산된 콩기름의 보급과 함께 어떤 식으로 파괴되었는지를 보여주기도 하고, 종자 상품화를 위해 불임 종자를 생산하는 기술인 터미네이터 기법으로 특허권을 획득한 기업에 대한 이야기를 들려주기도 한다. 또 집약적 축산 경제 속에서 광우병이 퍼지는 과정에 주목하기도 한다. 이 책을 쓴 때가 2000년임을 생각하면 10년 가까이 앞선 그의 혜안에 놀라게 된다.

물전쟁 반다나 시바 지음, 이상훈 옮김, 생각의 나무, 2003

《물전쟁》은 최근 우리 사회에서 슬그머니 제기되고 있는 수돗물 민영화 움직임의 위험성을 깨닫는 데 도움이 된다. "물시장이 인도에서 급속히 팽창하는 것만큼 빠른 속도로, 물을 목마른 사람에게 무료로 공급하던 전통적인 관습은 사라지고 있다. 수천 년 동안, 물은 피야오스에서 그리고 길거리와 사원과 시장에서 그냥 제공되어 왔다. 가다스와 수라이스라고 불리는, 토기로 만든 항아리는 여름에 물을 시원하게 보존할 수 있었고 그것이 목마른 사람에게 제공되었다. 사람들은 손을 컵 모양으로 만들어 물을 받아 마셨다. 이러한 항아리가 요즘에는 플라스틱 병으로 대체되었으며, 무료였던 물은 상업적인 상품으로 바뀌고 말았다. 모든 사람의 목마름을 해소할 권리는 이제 돈 있는 사람만이 전유하는 권리가 되고 말았다."

반다나 시바의 저작들은 그 사례가 지독히 구체적인데, 구체적이어서 더 무섭고, 더 슬프다.

세상을 바꾸는 돈의 사용법

야마모토 료이치 책임 편집, Think the Earth Project 엮음, 김하영 옮김, 미래의 창, 2005 *

척수성 소아마비(폴리오) 예방접종, 내몽골 사막 녹화사업, 청도견 육성, 아프가니스탄의 교육 지원, HIV 감염 예방교육, 난민신청자 지원, 인신매매 방지 및 피해자의 심리 치료, 산악소수 민족의 자립지원, 거리의 아이들에게 생활 시설 제공.

1,000원이 있다면 이런 일에 보탬을 줄 수 있다. 3,000원이 있다면? 10,000원이 있다면? 이 책은 아주 꼼꼼하게 적은 돈으로 세상을 바꾸는 데 기여할 수 있는 방법을 제시해 주고 있다. 좋은 세상을 만들기 위해서 운명을 거는 사람들도 있지만, 누구나 그렇게 할 수 있는 것은 아니다. 그렇지만 모든 것을 걸지 않는다고 좋은 일을 할 기회를 얻지 못하는 것은 아니다. 이 책이 방법을 가르쳐준다. 예를 들어 1,000원이면 사망률도 높고 운동신경 마비 등 심각한 후유증을 남기는 척수성 소아마비로부터 미얀마 어린이 5명을 구할 수 있다. 한 명 분의 폴리오 백신 값은 200원쯤 된다고 한다.

미친 돈 바람을 멈춰라 김정란 외 지음, 포럼, 2004 *

한 카드 회사의 광고 덕분에 "부자되세요"가 새로운 덕담이 되어 버린 우리 사회의 '부자 열풍'에 경종을 울리는 책이다. 열 명의 저자들이 다양한 시각에서 10억을 반대할 수 있는 논리를 보여준다.

"자신이 잘할 수 있는 것을 하기보다는, 하고 싶은 것을 하는 것이 중요하다. 그러기 위해서는 스스로가 가지고 있는 가능성들과 능력들도 버릴 수 있어야 한다. 능력의 다이어트가 필요하다는 말이다. 어느 길이나 마찬가지겠지만 여정에 필요하지 않은 물건들은 내려놓고 가는 것이 좋지 않겠는가. 불필요한 것들을 정리할 수 있는 단순함, 아니 단정함이 필요하다. 헌데 막상 자신에게 주어진 사회적 성공의 가능성과 능력들을 정리하고 나면 자주 두렵기도 할 것이다. 그때마다 나는 다시 나에게 정말 필요한 것이 무엇인가 점검해본다."(유성웅, 〈백수의 몸으로 방대한 공해 속을 걷다〉에서)

경제 성장이 안되면 우리는 풍요롭지 못할 것인가

더글러스 러미스 지음, 김종철 옮김, 녹색평론사, 2002

재생용지로 만들어진, 작고 가벼운 책이다. 이 책이 전하고 싶은 메시지와 책의 모양이 정확히 일치한다. 제목에서 알 수 있듯이 경제 성장이 안되어도, 아니 경제 성장이 안되어야 우리는 더욱 풍요롭게 살 수 있다는 이야기를 간절하고도 호소력 있게 전달하고 있다. 러미스는, "일하면서 싸우고 싸우면서 일하자"는 표어가 적힌 담벼락을 가진 초등학교에서 "100억 수출 천불 소득" 노래를 부르며 자랐기에, 빈부 격차 문제만 해결된다면, 환경 친화적이기만 하다면 경제 성장은 어쨌든 좋은 것이라는 생각을 가진 땅콩 선생에게 그런 생각은 말도 안 된다는 것을 깨우쳐 주었다. 땅콩 선생은 이 책을 여러 번 읽었다. 외우고 싶다. 앞으로 투표권을 행사하고 우리 사회의 운명을 결정지을 아이들에게 이 책의 메시지를 간절하고 호소력 있게 전하고 싶기 때문이다.

"경쟁사회를 지탱하고 있는 기본적인 감정은 두려움이라고 나는 생각합니다. 암묵 속에 존재하는 두려움입니다. 열심히 쉬지 않고 일하지 않으면 가난뱅이가 될지 모른다, 집 없이 떠도는 신세가 될지도 모른다고 하는 공포 혹은 병에라도 걸리면 병원에 가야 하는데 그 병원비를 지불하지 못하면 어떻게 할 것이냐, 라는 공포입니다. 그러므로 사고방식을 바꾸고 싶다가도 결국에는 어떻든 일을 계속하지 않으면 안 된다고 하는 개인적인 선택 쪽으로 기울어집니다. 그런 공포가 있다는 것은 사회의 안전구조가 약하기 때문입니다. (…) 공포가 사회를 움직이고 있습니다. (…) 그 어떤 이도 빠짐없이 서로 뒤를 돌보아주는 그런 진정한 의미의 안전이 보장

된 사회라고 한다면, 그 두려움은 크게 줄어들 것이 틀림없습니다. 그런 두려움이 줄어든다면 건전한 제로성장의 사회는 가능해지지 않겠습니까."

마르크스 뉴욕에 가다 하워드 진 지음, 윤길순 옮김, 당대, 2005 *

이 책은 실제 무대에 올린 적도 있는 연극 대본이다. 저자는 우리가 알고 있는 그 하워드 진이 맞다. 뉴욕에 나타난 마르크스가 현대 자본주의의 문제점을 지적하면서 자신의 사상을 설파하는 내용을 담고 있는 모노드라마 형식을 취하고 있기 때문에 혼자 기분 내면서 중얼중얼 소리 내어 읽어도 참 재미있다.

이 책을 읽으면 이제 마르크스는 한물갔다고 하는 말이 쏙 들어간다. 연극이 진행되는 동안 현대 뉴욕에 온 마르크스는 신문에 대서특필된 기사들을 보면서 하나도 놀라지 않는다. 그는 대기업의 합병을, 빈부 격차의 심화를, 세계화를 예견했다. 신문은 세상이 그의 예견대로 되어 가고 있음을 보여준다.

내용도 내용이지만 이 시대를 대표하는 진보적 학자이자 활동가인 하워드 진이 가진 문학적 능력도 충격적이다. 실제로 무대에 올린 연극 대본을 집필한 학자가 세상에 몇이나 되겠는가!

우리는 행복한가 이정전 지음, 한길사, 2008
시장은 우리를 행복하게 하는가 이정전 지음, 한길사, 2002

이정전의 두 편의 저작은 지금까지 주류 경제학이 주지 못했던 새로운 시각을 제공한다. 주류 경제학은 인간이 합리적이라는 믿음을 가지고 '모든 조건이 똑같다면' 이라는 전제 하에서 논리를 전개한다. 제법 폼을 잡으며 수식과 그래프까지 활용하여 인간 세상의 일을 설명하고 있지만, 살짝만 생각해 보아도 뻔하지 않은가. 인간은 합리적이지 않으며 세상에 똑같은 조건도 없다. 첫 단추부터 잘못 끼웠으니 마지막은 뻔하지 않은가.

《시장은 우리를 행복하게 하는가》에서는 시장에 맡기는 것이 행복에의 약속이 될 수 없다는 것을 논리 정연하게 밝혀주고 있으며, 《우리는 행복한가》에서는 본격적으로 행복의 문제를 다루고 있다. 특히 행복해질 수 있는 능력을 기르는 교육을 강조하는 대목에서는 교사로서 귀 기울일 수밖에 없었다. 지금까지의 경제교육에 뭔가 문제가 있다고 느낀다면, 그래서 새로운 방향을 모색해 보고 싶다면, 이 두 권의 책을 맨 먼저 읽기를 권한다.

이 책에서 보여주는 시각도 훌륭하지만 땅콩 선생이 따라 배우고 싶은 책의 미덕이 또 하나 있다. 대가가 되면 어려운 이야기도 이렇게 술술 읽히게 쓸 수 있구나, 하는 것을 보여준다. 학생이 수업을 이해하지 못한다면 그건 학생 잘못이 아니라 교사 잘못이다. 교사의 잘못은 잘 설명하지 못한 데 있는 것이 아니라 잘 설명할 수 있을 정도로 깊이 있게 알지 못한 데 있다.

소유의 역사 홍기빈 지음, 책세상, 2007 *

소유와 관련하여 이토록 많은 논의가 있는 줄은 정말 몰랐다. 이 책은 소유제도란 고정된 것이 아니며 시대와 상황에 따라 내용과 의미가 계속해서 변화해 가는 것임을 보여줌으로써 '사적 소유냐 공적 소유냐' 라는 논쟁의 구도 자체가 지나치게 협소한 것임을 일깨운다.

지적 재산권이라 하여 특정한 지식을 소유하는 제도가 생겨났다. 지적 창작물은 발명가의 머릿속에서 나왔으므로 당연히 사적 소유의 대상이 되어야 하며, 그들에게 배타적 소유권의 보장을 해주지 않는다면 누구도 발명의 유인을 갖지 못할 것이라는 생각이 근거가 되었다. 고개가 끄덕여진다. 그러나 2진법을 처음 사용한 수학자 라이프니츠(300년 전 사람이다.)의 후손들이 모든 컴퓨터 소프트웨어 업체에게 사용료를 요구한다면 어떻게 될 것인가? 세종대왕의 후손은 모든 한글 사용자에게서 사용료를 받을 것인가?

지금 당연해 보인다고 해서 원래부터 그랬던 건 아니다. 땅에 대한 소유권도 마찬가지가 아닐까. 땅을 팔라는 제안에 대해 저 하늘을 사고 팔 수 없는데 어찌 땅을 사고 팔 수 있느냐고 물었던 인디언 대추장이 생각난다. 시장에서 모든 것을 사고파는 일을 당연하게만 생각하는 것은 오늘 우리들의 생각일 뿐이다.

홍기빈의 다른 책 《아리스토텔레스 경제를 말하다》(책세상, 2001)도 읽어보기를 권한다.

2장

온몸으로 배우는 경제

경제체험

온몸으로 배우는 경제수업?

수영을 처음 배울 때를 기억하는가? 아직은 몸에 익지 않은 수영복을 입고, 샤워장을 지나 수영장으로 들어가면, 푸르게 푸르게 나를 압도하는 물. 수영 강습이 시작되면 엄청난 물의 무게를 이겨야 하고, 공포에 맞서야 한다. 정신없이 팔과 다리를 움직이고 서툰 호흡으로 물을 먹는 과정을 수없이 되풀이하다 보면(정말 수영장 물을 이렇게 많이 마셔도 탈이 나지 않는 것이 신기할 지경이다), 어느 날 풀장의 반대편 끝까지 수영하고 있는 나를 발견한다.

"해냈다!"

수영을 배우는 사람이 원하는 것은 수영을 할 수 있게 되는 것이다. 수영을 가르치고 배우는 과정 전체는 학습자가 '수영' 능력을 키우는 데 집중되어 있다. 수영 능력을 키우기 위해 가장 중요한 일은 수영할 기회를 되도록 많이 갖는 것이다.

사회과는, 경제수업의 경우는 어떨까? 사회과 역시 직접 '사회하기'가 중요하지 않을까? 민주시민으로 살아가기, 합리적으로 의사결정하기, 민주주의적인 가치와 태도를 익히고 실천하기 같은 것이 바로 직접 '사회하기'가 아니겠는가. 사실 사회과에서 학습하는 수많은 개념과 사실, 가치들은 바로 이 직접 '사회하기'를 위한 것이다. 체험학습(온몸으로 배우는 경제)은 우회하지 않고 곧바로 접근하는 것이다. 몸과 마음 모두로 학습하는 과정이다. 학습자의 소통 범위를 교실 밖 세계로 직접 확장시키는 방법이기도 하다.

경제교과는 인간과 사회를 대상으로 하는 교과이다. 모든 교육이 본성적으로 학습자의 삶과 유리되어서는 그 목적을 제대로 달성할 수 없겠지만, 경제교과는 삶 자체를 대상으로 하는 교과의 특성상 학습자의 삶과의 연관성이 더 크게 요구된다. 또한 시민성 함양이라는 경제교과의 목표 또한 삶과의 연관성을 요구한다. 왜냐하면 시민성 자체가 사회적인 삶을 떠나 진공 상태에서는 존재할 수 없기 때문이다.

학생들이 가장 어려워하는 과목이 사회라는 말을 종종 듣는다. 중학교에서는 영어 수학 평균보다 사회 평균이 더 낮다고 한다. 자녀를 키우는 동료 교사들도, 아이 친구의 엄마들도 땅콩 선생에게 묻는다.

"어떻게 해야 사회를 잘하나요?"

"답사를 많이 다녀야 하나요?"

"책을 많이 읽게 해야 하나요?"

땅콩 선생은 난감하다. 이 질문에 깔끔한 답을 내놓기가 어렵다. 답은 알고 있으나 해결책을 모르기 때문이다. 왜 학생들이 사회를 어려워할까? 그것은 학생들의 잘못이 아니다. 답사를 다니지 않아서도, 책을 많이 읽지 않아서도 아니다. 문제는 사회과가 자기 교과의 원천인 삶에서 너무 멀리 떨어져 있기 때문이다. 그래서 땅콩 선생은 답한다.

"그냥, 사회를 좋아하게 해주셔요. 성적이 안 나와도 야단치지 마시고요."

학생들이 배움에 보다 집중하는 경우는 두 가지이다. 첫째는 학생들에게 중요한 것인 경우이다. 시험에 나오든, 인생살이에 중요한 것이든, 중요하면 학생들은 집중한다. 시험을 제외할 경우, 내 삶과의 연관성이 높다고 판단할 때, 학생들은 집중한다. 두 번째는 수업내용이나 방법이 재미있는 경우이다. 주사위 하나만 가지고 들어가도 학생들은 일단 술렁인다. 관심을 보이는 것이다. 늘 그날이 그날 같은 수업 속에서 약간의 변화만 주어도 학생들은 큰 즐거움을 느낀다. 집중한다.

체험을 통해 경제를 배우는 것은 대체로 이 두 가지 조건을 모두 충족한다. 다만, 시간이 많이 걸린다. 땅콩 선생은 학년이 시작되는 3월 두 번째 수업시간에 경제체험활동을 과제로 제시한다. 학생들은 부담스러워하지만 일단 관심을 갖는다. 색다르기 때문이다. 과제를 제출해야 하는 한 달 뒤가 되면 학교는 온통 이 체험학습 과제로 술렁인다. 그리고 졸업한 뒤에도 땅콩 선생을 찾아와 두고두고 이 이야기를 한다. 그때 자신이 얼마나 고생을 했는지, 선생님은 그 사실을 알기는 아는지, 그 고생을 나만 할 수는 없으니 후배들에게도 꼭 시켜야 한다든지, 하는 이야기를.

경제체험활동, 이렇게 한다

경제를 체험케 하는 방법

간단하다. 학생들에게 과제로 내준다. 중간 중간에 진행 상황을 체크한다. 약속된 날에 보고서를 걷는다. 검사한다. 학생들은 시키면 뭐든지 한다. 그것도 훌륭하게! 그러니 믿고 과제를 내주시라.

① 경제체험 수행평가 계획서를 인쇄하여 나누어 준다

학생들에게는 생소한 과제이기 때문에 말로 설명하는 것보다는 유인물로 나누어 주는 편이 좋다. 그냥 나누어 주고 읽어보라고 하지 말고 과제에 대해 자세히 설명하면서 동기를 부여한다. 활동의 예를 충분히 들어 학생들이 참고할 수 있게 한다.(경제체험 수행평가 계획서는 53쪽에 있다.)

② 체험 과제 중 〈1,000원 이상 돈 벌어보기〉를 선택하는 경우에는 모둠을 구성

그 모둠은 같은 학교, 같은 학년 학생이라면 학급을 뛰어넘어 편성할 수 있다. 학기초라서 학급에 함께 할만한 친구를 미처 사귀지 못한 학생들이 있다. 사회성을 함양하는 것이 온몸으로 배우는 경제수업의 목표가 아니므로 친한 친구와 즐겁게 해보라고 한 의도이다. 다만, 이 경우에도 보고서는 따로 따로 제출한다.

③ 보고서 마감일이 될 때까지 수업시간마다 과제를 상기시킨다

땅콩 선생처럼 잘 잊어버리는 학생들을 위한 배려이다.

"과제는 순조롭게 되어 가고 있나요?"

"과제 마감일까지 2주 남았습니다."

간단한 말 한마디면 충분하다.

④ 정해진 날 정해진 시간에 과제를 걷는다

같은 과제를 선택한 모든 학생에게 동일한 마감일을 약속해야 한다. 안 그러면 학생들이 보고서를 베끼는 사태가 발생한다. 또 마감시간은 "4월 8일 8시 20분까지"와 같이 정확하게 정해주는 게 좋다. 안 그러면 과제를 걷는 학생이 하루 종일 과제물을 걷어야 하는 일이 생긴다. 또 아침 일찍 걷는 것이 좋다. 점심시간에 걷게 되면 그날 오전의 다른 과목 시간에 서둘러 과제를 하느라 수업에 소홀하게 된다. 전날까지 미리 해오지 않으면 제출할 수 없는 시간을 정하는 게 좋다.

⑤ 과제를 충실히 검토하고 좋은 보고서는 학생들에게도 공개한다

경제체험활동을 지도하면서 유의할 점

① 과제는 본인 스스로 선택할 수 있도록 여러 가지를 제시한다

우리는 스스로 선택한 일에 더욱 자발적이 된다. 학생들도 그렇다. 그러니 그들 스스로 선택할 수 있게 하라. 선택형 과제를 제시할 때의 좋은 점은 또 있다. 전에 강남에 있는 한 여학교에서 이 과제를 응용한 선생님이 있었다. 가장 간단한 체험활동인 〈1박 2일 가사노동 체험하기〉를 과제로 내준 것이다. 그 선생님은 학부형으로부터 "내 아이는 평생 손끝에 물도 안 묻히고 살 사람인데 왜 이런 과제를 내주었느냐"는 항의를 들었다고 한다. 고려할 여지도 없이 형편없는 문제제기라도 교사를 괴롭힐 수 있다. 선택형으로 과제를 제시했다면 "어머님, 저는 여러 가지 가운데 하나를 선택하도록 했고, 그 선택은 자녀의 자발적인 것이었습니다"라고 말할 수 있었을 것이다.

② 책상에 앉아서 할 수 있는 과제도 섞는 것이 좋다

본래의 취지에는 다소 어긋나지만, 학생들 가운데에는 정말 '활동'을 힘들어하는 학생이 있을 수도 있다. 그러니 모의 주식투자나 신문 스크랩하기와 같은 활동을 선택지의 하나로 넣어준다. 걱정할 필요는 없다. 학생들은 대부분 책상을 떠나서 하는 활동을 선택한다. 그들은 이미 충분한 시간을 책상 앞에서 생활하고 있다. 학생들도 그 사실을 안다. 선택할

수 있다면 몸을 움직이는 쪽을 선택한다.

③ 〈1,000원 이상 돈 벌어보기〉 활동을 하는 경우에 필요하다면 교사의 추천서를
   써준다

써주려고 마음만 먹지 말고 써주겠다고 약속도 한다. 추천서를 달라고
줄을 서는 학생들 때문에 업무가 마비될까봐 걱정할 필요는 없다. 이제
껏 단 한 명도 추천서를 써달라고 온 학생은 없었다. 하지만, 선생님한테
도움을 청할 수 있다는 것을 알면 학생들은 한결 마음이 놓인다.

1. 제출 시기 : 4월 25일 1교시 후 쉬는 시간까지

2. 다음 중 하나를 택하여 보고서를 작성한다

♠♣ ① 내가 살고 있는 세상을 보다 살기 좋은 곳으로 만들 수 있는 방안을 생각하고 실
천에 옮긴 뒤 그 과정과 자기 평가를 보고서로 제출한다. 나의 활동을 증명해 줄
수 있는 증빙 자료를 첨부해야 한다. (분량 A4 3매, 글자 크기 12포인트)

② 〈일주일 이상 돈 없이 살아보기〉를 직접 실천해 보고, 실천 과정과 자기 평가를 보
고서로 제출한다. 이때 나의 활동을 증언해 줄 수 있는 3명의 서명을 받고 서명자
와 통화할 수 있는 전화번호를 명기한다. '돈 없이 살아보기'의 규칙은 본인이 정하
고, 그 내용을 반드시 보고서에 포함시킨다.(분량 A4 3매, 글자 크기 12포인트)

♠ ③ 직접 일을 해서 돈을 벌어보고, 그 과정과 자기 평가를 보고서로 제출한다. 이때 일
자리는 친족관계에 있는 사람에게 제공받을 수 없다. 또한 친구끼리 서로 상대방의
집에 가서 일을 해주고 돈을 받는 '교환', 대가 없이 그냥 지불하는 '증여'도 금지
한다. 나의 노동을 구입한 고용주의 서명을 받고 서명자와 통화할 수 있는 전화번
호를 명기한다. 이때 돈은 1,000원 이상이면 된다. (분량 A4 3매, 글자 크기 12포
인트)

♠♣ ④ 봉사 활동(대가를 바라지 않고 사회에 기여하는 활동)을 실천하고 그 과정과 자기
평가를 보고서로 제출한다. 나의 봉사 활동을 증명해 줄 수 있는 증빙 자료를 첨
부해야 한다. (분량 A4 3매, 글자 크기 12포인트)

♠ ⑤ '아나바다 운동'을 직접 실천해 보고, 실천 과정과 자기 평가를 보고서로 제출한
다. 이때 나의 활동을 증언해 줄 수 있는 3명의 서명을 받고 서명자와 통화할 수
있는 전화번호를 명기한다. (분량 A4 3매, 글자 크기 12포인트)

⑥ 1개월간 모의 주식투자를 해 보고 그 과정과 자기 평가를 보고서로 제출한다. 상
세한 투자 기록, 투자 이유, 자기 평가의 내용을 포함해야 한다. (분량 A4 3매, 글
자 크기 12포인트)

⑦ 1개월간 경제 관련 주제를 하나 선정하고 관련된 신문기사를 스크랩한 뒤 논평 글
을 A4 1매 분량으로 작성하여 첨부, 제출한다. 각 기사의 출처, 날짜를 밝혀야 하
며, 기사의 중요 부분에 밑줄을 친다.

♠ ⑧ 텔레비전 프로그램 중 한 가지를 선택하여 그 프로그램과 그 전후 광고 사이의 관
계를 알아보자. 해당 프로그램과 광고의 내용, 출연자, 모델의 이미지를 중심으로

보고서를 작성한다. (분량 A4 3매, 글자 크기 12포인트)

⑨ 이 밖에 돈과 노동, 경제, 사회에 대해 다시 한번 깊이 생각할 수 있는 체험활동을 하고 보고서를 작성한다. 단, 이 경우에는 교사와 사전 협의를 거쳐야 한다. (분량 A4 3매, 글자 크기 12포인트)

♠ 이 주제들 가운데 ①③④⑤⑧의 경우는 6인 이내의 모둠을 구성하여 실천할 수 있으며, 이 모둠은 구일고등학교 2학년 학생이라면 학급을 뛰어넘어 구성 가능하다. 단, 보고서는 개인별로 제출해야 하며, 보고서 내용은 당연히 개인마다 차이가 나야 한다.

3. 다음과 같은 기준으로 20점 만점으로 점수를 부여한다

① 보고서의 내용이 주제에 적합한가? (4점)
② 보고서를 창의적으로 작성하였는가? (4점)
③ 보고서를 논리적으로 작성하였는가? (4점)
④ 실천 사항으로 기록한 내용들은 모두 사실과 다름이 없는가? (4점)
⑤ 읽는 사람이 잘 이해할 수 있게 보고서를 작성하였는가? (4점)

4. 다음과 같은 기준으로 점수를 감점할 수 있다

① 보고서 제출 기일이 늦어지는 경우 1일당 1점씩 감점 가능하다.
② 4월 30일까지 보고서를 제출하지 않는 경우 0점을 부여한다.
③ 보고서 분량이 A4 1매에 못 미치는 경우 3점 감점한다.
④ 다른 사람의 숙제를 베껴서 제출하는 경우, 보여준 사람과 베낀 사람은 모두 0점 처리한다.
⑤ 보고서의 50% 이상이 인터넷 등에서 인용한 자료로 채워져 있을 경우 5점 감점한다.
⑥ 인터넷이나 책자, 신문 등에서 인용한 뒤 자기 글인 것처럼 인용처를 밝히지 않은 경우 10점 감점한다.

5. 과제와 관련된 특전

♥ 우수작은 10월에 실시하는 교내 경제체험대회에 출품되며, 그 가운데 우수작은 시상한다.

♣ ①④과제 수행자 중 우수작은 11월에 열리는 성공회대학교 주최 사회참여체험대회에 출전자격이 주어진다.(대회 우수작은 성공회대 총장상 수상)

샘플 자료, 각종 양식, 참고 자료는 선생님을 찾아오시면 됩니다.

2학년 경제체험 보고서

2학년 ___반 ___번 이름 : ________

내가 선택한 주제는 (②) 번

1. 돈 없이 살아보기를 실천하며 내가 정한 규칙

2. 실천 일지

　　매일 매일 일기 형식으로 적으셔요.

3. 돈 없이 살아보기 체험을 마치고 느낀 점

4. 나의 실천을 증언해 줄 3명의 서명 및 연락 가능한 전화 번호

※경제체험 주제와 관련하여 학생들이 선택할 수 있는 활동의 예를 들어보았습니다.

자신들이 주체가 되어 하는 활동

①
- 학교에서 쓰레기 잘 버리기·분리수거 잘하기·청소 청결하게 하기, 마약 복용의 문제점 홍보, 농구장 청소 등 실천 활동
- 아파트 주변의 분리수거 활동, 공원 청소 활동, 불법 부착 광고물 제기하기, 문화재 보호 활동, 청결하기 화장실 사용하기 홍보
- 자원봉사 신문 만들기, 영자 신문 만들기, 교지 편집에 참여하기, 학교 선도부 활동 성실히 하기, 환경 보호 관련 홈페이지 제작하여 여론 환기하기 등

다른 사회 단체에 참여하는 활동

②
- 특정 사안과 관련된 거리 캠페인 참여, 적십자사 헌혈 활동 보조 및 헌혈 참여, 시민 단체에 정책을 제안하는 활동, 교회 성가대 활동에 참여하기, 농촌 봉사 활동에 참가하기, 교실 붕괴와 관련하여 관심을 촉구하는 전자우편 보내기, 바른 정보 문화 정착 캠페인 참여, 시립아동병원에서 자원봉사하기 등

학교, 지방 자치 단체, 생활 관련 단체·기관, 중앙 정부 기관에 정책 제안이나 민원을 제기하는 활동

③
- 농구대의 증설, 체육관 이용 확대, 체육 시설물 개선, 학교 수영장 활용, 매점의 증설, 매점 이용을 보다 편리하게 할 수 있도록 건의하기, 학교 뱃지 품질 향상 요구하기, 선도부 운영 개선, 도서관 운영 개선, 도서관 운영 시간 확대, 도서관 환경 개선 건의, 학교 도서관 운영 개선, 서클 활동비 사용 방법 개선, 서클실 이용 확대, 서클실 활용 기회 확대 건의, 서클 운영 전일제 건의하기, 수업을 보다 재미있게 해 달라고 선생님께 편지 쓰기, 교실 내 물건 분실 관련하여 담임 교사에게 건의하기, 체육복 착용과 관련된 의견 제시하기, 수준별 이동수업에 관한 의견 제시하기, 사물함 설치 건의하기, 학생 체벌 자제 건의하기, 과학실 환경 개선, 무당벌레 육성 공간 제공 건의하기, 학급 청소 개선 건의, 학습 분위기 조성 관련 의견 제시
- 어린이 놀이터 이용 개선을 촉구하는 편지 보내기, 시내버스 혹은 마을버스 운영

개선, 버스회사나 버스 운송 조합장에게 편지 보내기, 신호등 조작 개선, 동네 등산
로 가로등 관련 편지 보내기, 엘리베이터 개선 관련 문제 제기하기, 동네 빈터에 농
구대 설치를 건의하기

• 시내버스 관련 정책에 대하여 서울 시장에게 편지 쓰기, 교육부 홈페이지에 교육
  에 관한 의견 제시하기, 교육부 장관에게 교육 관련 의견(수행평가, 교실 붕괴, 교
  과서 구입 관련, 입시 제도…)편지 보내기, 도서관 건립과 관련하여 구청장에게 편
  지 쓰기, 학생 지도 방법과 관련하여 교육구청에 의견 제시하기, 자전거 전용도로
  설치 건의하기, 청소년 문화공간 확대 건의하기, 봉사 활동 제도에 대한 의견 제
  시하기, 교통불편신고용 우편엽서 보내기, 구청에 학교 앞 인도 보도 블록 재정비
  건의하기, 장애인 편의시설 설치에 대하여 지하철 공사에 건의하기, 노인 문제 해
  결을 위해 노력해 달라는 편지 쓰기, 주차 문제 개선 건의하기, 건축의 안정성 확
  보 건의하기, 불법 주차 단속 건의하기, 해킹 대비 건의, 영화 등급제 관련 의견
  제시 등

언론 기관, 통신 매체에 의견을 제시하는 활동

• 신문사에 독자 투고하기(신호등 체계, 인천 호프집 사건 관련, 교실 붕괴 관련), 각
  종 통신(인터넷)을 이용하여 각종 정책 제언(불법 시디 사용하지 않기, 아동 학대
  예방하기, 음란물 규제 활동 격려하기…)을 하는 것, 사회 개선을 위하여 자신의
  입장을 홍보하는 것, 통신의 불편 사항 개선 요청하기, 텔레비전 프로그램에 대하
  여 의견 제시하기, 통신에 금연 홍보 글 올리기, 휴대폰 사용 예절 지키기 홍보,
  대형 참사 예방 관련 의견 제시하기, 예의 바른 대화실 사용 홍보하기, 학생의 용
  의 규정에 관한 의견 제시하기, 왕따 문제 관련 의견 제시하기, 지하철 환경 개선
  건의 등

 # 돈 없이 살아보기

겨울방학 때 사회교사모임 선생님들이 땅콩 선생의 집에서 책도 읽고 세미나를 했다. 땅콩 선생의 남편은 해외 연수중이었고, 달리 어린아이를 맡길 방도가 없어 모임 참석이 어려웠던 땅콩 선생이 자기 집에서 모이는 것이 어떻겠냐고 아이디어를 냈기 때문이다. 마음 좋은 사회교사모임 선생님들은 다들 자기 아이들을 데리고 땅콩 선생의 집에 모였다. 관련된 다큐멘터리도 보고 책에 대한 이야기도 나누었다. 그때 읽은 책이 독일 여성 슈베르머가 1995년에 '돈 없는 삶'을 실천하고 그 경험을 쓴 《소유와의 이별》이었다. 그는 돈을 벌지도 쓰지도 않을뿐더러 아무것도 소유하지 않는 생활을 직접 실천했다.

그날 여러 가지 아이디어가 쏟아져 나왔다. 그 중 하나가 학생들에게 '돈 없이 살아보기' 체험 기회를 주는 것이었다. 땅콩 선생은 3월 다이어리에 '돈 없이 살아보기'라고 적어놓고 개학하기만 기다렸다. 정말 개학하기를 손꼽아 기다린 것은 땅콩 선생 생애 처음이자 마지막이었다.

'돈 없이 살아보기' 체험은 두 가지 측면에서 의미를 가진다. 하나는 소비중독 사회를 살아가는 학생들에게 자신의 소비생활 자체를 삶의 현장에서 되돌아보도록 하는 기회를 제공하기 위한 것이다. 돈을 쓰고 재화와 서비스를 구입하는 일이 숨 쉬는 것처럼 자연스러워진 학생들이 자신의 소비생활을 성찰하기 위해서는 그것 자체를 낯설게 보도록 하는 장치가 필요하며, 이를 위해 일정 기간 동안 소비를 끊도록 한 것이다.

선택한 학생들은 주로 이 활동을 적극적으로 선택하기보다는 다른 활동들이 영 자신에게 맞지 않아 보인다는 것을 활동 선택의 이유로 밝히고 있다.

딴 건 내 성격에 맞지 않는 듯해 일주일 버티기를 결정한다. 환경이랑 아무 연관 없는 나는 이런 생활은 싫고 돈 벌기에는 약간 수줍음과 귀찮음이 있고, 학교와 방과후 생활이 전부인 나에게는 '이것이 내것이다!'하며 생각했다.

— CHS 학생의 보고서에서

일주일 이상 돈 없이 살아보기를 하는 학생들은 우선 그 기간 동안 지켜야 하는 규칙을 스스로 결정해야 하는데, 다양한 수준에서 진행되었다. 대부분 현금을 가지고 다니지 않는다는 규칙을 정하고, 일체 군것질을 하지 않겠다는 내용을 규칙에 포함시켰다. 집에서 먹는 식사나 이미 부모님께서 비용을 지불한 학교급식은 허용하는 것으로 했는데, 일부 학생들은 집에서 먹는 밥에 대해서도 밥값을 지불한다는 차원에서 밥 한 끼에 설거지 1회나 청소 1회를 대가로 지불하는 규칙을 세우기도 했다. 그렇다면 학생들이 정한 돈 없이 살아보기의 규칙은 구체적으로 어떤 것일까?

규칙1. 집에서 먹는 밥과 학교 점심밥은 먹도록 허용한다. 단, 집과 학교, 밖에서 먹는 군것질은 금지. 외식 허용 안 됨.

규칙2. 남에게 피치 못할 사정으로 얻어먹어야 할 경우 일주일에 단 1회만 허용한다. 한 번 얻어먹을 경우 내용물은 한 개로 한다.

규칙3. 야간 자율학습, 또는 (늦은) 귀가 시 버스 타는 것은 허용한다. 단 버스비는 버스카드에 이미 들어가 있는 돈으로 계산하고 택시는 허용 안함. 아침 등교 시에는 반드시 걸어간다. 집↔학교 소요시간 20분. 현재 버스카드 잔액 4,360원. 마을버스 열 번만 허용.

규칙4. "돈 없이"라는 취지에 맞게 돈을 들고 다니지 않는다. 고로 쓰지 않는다. 핸드폰 문자는 허용, 전화통화는 안 됨. 오는 전화는 받을 수 있음.

규칙5. 위의 조항들을 2회 이상 어겼을 시 실패로 간주하고 다른 활동을 선택한다. 또는 처음부터 다시 시작한다. 단 보고서 제출 기간 전까지.

이처럼 계획을 실현 가능한 선에서 잘 정하고 실천을 시작하는 학생도 있지만, 실천 과정에서 계속 규칙을 수정하고 보완해 가는 경우도 있다. 이 학생은 처음에는 규칙을 이렇게 정했다.

1. 기간은 10일로 한다.

2. TV나 컴퓨터의 사용은 금지한다.

3. 남이 사주는 것은 물론이고, 조금 얻어먹는 것도 안 된다.

4. 가족끼리의 외식이나, 교회의 회식을 허가한다.

5. 친구에게 돈을 빌리는 것도 안 되며, 돈을 빌려주는 것 역시 금지한다.

그러나 중간에 피치 못할 일이 발생하면서 실패! 다시 시작하면서 규칙을 추가해서 난이도를 낮추었다. 이렇게.

6. 학교나 학원, 교회 같은 공동체에서 부득이하게 써야 할 때에는 돈의 사용을 허가한다. (예 : 회비, 독서실비, 회비를 대신해 필요 물품 구입할 경우)

7. 집에서 밥을 먹을 수 없는 상황에서 부모님이 식사비를 주실 경우 그 돈으로 식사하는 것은 가능하다. 그러나 그 돈으로 다른 간식이나 후식을 시먹는 것은 불가능하다.

8. 학교에서 내준 과제로 인한 컴퓨터 사용은 허가한다.

그러나 우리 인생이 어디 예측한 대로만 흘러가던가. 이 친구는 또 규칙을 조금 수정한다.

+ 누군가의 생일이 있을 때, 생일선물을 사주는 것은 허락한다.

시련은 끝나지 않았다. 배고픔을 이기지 못하고 또 실패. 새롭게 시작하면서 규칙을 아주 인간적으로 고친다.

9. 집에 있는 음식은 모두 먹어도 좋다. 단, 먹고 싶은 것을 주문할 수는 없다.

이런 것도 나쁘지 않다. 돈 없이 살아보기 체험활동은 정말 돈을 안 쓰는 데서 그 의미를 찾으려는 것이 아니기 때문이다. 이 친구는 자기가 정한 규칙을 돌아보고, 갈등하고, 새로 규칙을 세우는 과정에서 많은 생각들을 했을 것이다. 양심의 시련도 겪었을 것이다. 이런 보고서가 좋은 보고서라고 치켜세워 주면, 학생들은 좀 더 솔직한 보고서를 쓰게 될 것이다. 보고서를 보면 체험 과정에서 어떤 어려움과 마주치게 되는가를 알 수 있다. 학생들이 체험 과정에서 가장 크게 느끼는 어려움은 첫째, 교통비를 안 쓰기 위해 걸어서 통학하는 것, 둘째, 군것질을 참는 것, 셋째, 친구를 만나지 못하는 것이었다. 특히 세 번째 경우가 가장 큰 고통으로 부각되었다. 일주일 동안 돈 없이 살아보기를 하려면 반드시 주말을 끼워 넣을 수밖에 없는데, 그 시간에 친구를 만나지 못한다는 것을 큰 어려움으로 꼽았다. 돈 없이 살아보기를 한다고 친구들을 만날 수 없다니?

친구에게 문자가 왔지만 일부러 답장을 하지 않았습니다. PC방 가자고 할 것이 뻔했기 때문입니다. PC방을 가지 않더라도 일단 나가면 돈을 써야 했기 때문에 일부러 답장을 하지 않고……

— CJH 학생의 보고서에서

행복을 배우는 경제수업

집에만 있기 답답해서 나가서 친구들과 수다를 떨었다. 돈이 없을 때 수다가 최고다. 하지만 친구들이 하나씩 모이고 PC방을 가자며 의견이 일치됐다. 나는 돈을 못 쓴다. 에휴. 애들이 PC방에서 즐기는 동안 나는 집에 있어야 했다. 많이 아쉬워서 갈까 말까 생각도 했지만 여태까지 버틴 게 너무 아까워서 꾸욱 참았다. 이제 몇 시간만 참으면 되는데…….   — YJW 학생의 보고서에서

돈 없이 살아보기를 선택한 학생들은 자신이 평소에 돈을 잘 안 쓰기 때문에 실천하기가 쉬울 것이라고 판단한 경우가 많은데, 활동 과정에서 학생들은 자신이 평소에 돈을 잘 안 쓰는 것이 아니었다는 사실을 깨닫기도 한다.

나는 내가 돈을 별로 쓰지 않는다고 생각했다. 그렇다. 나는 돈을 많이 쓰지는 않는다. 그러나 자주 썼다. 특히, 아이스크림은 3일 이상 안 먹은 적은 없었던 것이다. 일찍이 내가 아이스크림을 남달리 좋아한다고는 생각했지만, 난 그 정도를 뛰어넘은 것이었다.   —SDK 학생의 보고서에서

또, 반대로 자신이 돈을 너무 많이 쓰고 있다고 생각해서 생활을 고쳐보고 싶거나 아니면 돈을 모으기 위해 이 활동을 선택한 학생들도 많았다.

내가 여러 가지 경제 숙제 중에 이걸 택한 것은 돈을 아껴서 사고 싶었던 가방을 사기 위해서였다. 왜냐면 나는 돈을 좀 모으다 보면 금방 가서 다 써버리는

못된 습관을 가지고 있었기 때문이었다. 그래서 이 기회에 이런 못된 습관을 고치기로 마음먹었다. 경제 숙제를 통해서 아침밥도 많이 먹고 가는 좋은 습관도 생겼고 돈을 먹을 것에다만 쓰는 그런 생각보다는 어디 더 좋은 데 쓸 수는 없을까 하는 마음도 생겼다. 이 생활을 안 해본 친구들에게 언제 한번 해보라고 꼭 추천해 주고 싶다.

- JYS 학생의 보고서에서

몇 가지 문제가 발생했다. 돈 없이 살아보기를 실천해 본 학생들 몇 명이 "돈 없이 살아 봤는데, 아무 일도 일어나지 않고 있어요"하는 것이었다. 일차적으로는 평소에 별로 돈을 많이 쓰지 않는 학생이 숙제를 쉽게 해 보기 위해서 이 주제를 선택한 경우는 정말 쓸 말이 없어지는 것이었다. 이 경우 해결책은 두 가지가 될 수 있다.

첫째, 과제를 안내할 때부터 중요한 것은 보고서이고, 보고서를 쓰기 좋은 과제를 선정하는 것이 유리하다는 점을 강조하는 것, 둘째, 돈 없이 살아보기의 규칙을 스스로 정하는데, 이때 규칙을 아주 강력하게 정하면 실천은 어려워도 보고서에 쓸 이야기는 많아진다고 알려주는 것이다. 예를 들어 '현금을 쓰지 않는다'를 규칙으로 하기보다, '식사 등 기본적인 생존 조건을 해결할 때 반드시 노동으로 충당한다'는 식으로 말이다.

행복을 배우는 경제수업

2학년 경제체험 보고서 2학년 LYY

1. 실천에 앞서 내가 정한 규칙

① 집이 학교와 먼 관계로 일주일 동안의 차비 500원×7일×2(왕복)해서 7,000원은 사용이 가능하다.

② 집에서 음식을 먹게 되면 작은 일이더라도 집안일 하나씩은 꼭 거든다.

③ 집 밖에서 뜻밖에 얻은 음식은 먹어도 무방하다. 단 내가 먼저 요구하지 않았는데도 얻어진 경우에만.

④ 학교급식은 먹어도 된다.

2. 실천 일지

4월 2일 일요일

(…) 나가면 왠지 첫날부터 돈을 쓸 것 같아서 집에서 쉬기로 했다. 집에서 공부하겠다고 다짐했건만 하루 종일 TV 앞에서만 누워 있다가 어느새 하루가 다 지나갔다. 또 먹고 자고 먹고 자고 이렇게 하루를 지내고 있자니 몸이 너무 찌뿌둥했다. 움직이기 귀찮아도 경제 보고서를 써야 하므로 하루 종일 먹은 것에 대해서는 전부 깨끗이 치웠다. 오늘은 하루 종일 한 5끼니 정도를 줄기차게 먹은 것 같다. 지출금액 0원.

4월 3일 월요일

택시를 타면 절대 안 된다고 다짐 또 다짐을 하고 잠이 들었건만 늦잠을 자버렸다. 그래서 택시를 탔는데 2,200원이 나왔다. 돈을 내는데 너무 아까웠다. 요즘 들어서 지각할까봐 택시를 자주 탄다. 탈 때마다 느끼는 건데 정말 아깝다. (…) 오늘 학교 끝나고 야자 저녁 시간을 대비해 집에서 계란과 음료수를 싸왔었다. 이걸 먹고 학원에 갔다가 집으로 왔다.(…) 지출금액 2,200원.

4월 4일 수요일

(…) 그냥 굶을까 하는 생각을 하고 있었는데, 담임 선생님이 떡이 있으니까 야자시간에

가져가서 먹으라고 하셨다. 사실 내가 야자시간에 친구랑 같이 굶고 있는 걸 몇 번 보셨는데 그것 때문에 떡을 남겨두신 것 같다. 작은 부분까지 신경 써주시고 관심 갖고 봐주시는 게 너무 감사했다. 그리고 수학 모르는 게 있어서 작년 담임 선생님께 갔었는데 거기서 또 떡을 얻어먹었다. 내가 구일고등학교 와서 담임 선생님과의 인연은 좋은 것 같다. 솔직히 초등학교 중학교 때는 이상한 선생님들도 많았는데 고등학교 와서는 지금까지 좋았다. 근데 떡을 먹고 어떻게 값을 해야 할까라는 생각도 했지만 두 분 다 공부 열심히 하라고 주신 것이기 때문에 떡 값으로 공부를 더 열심히 했다.(…) 지출금액 0원.

(…)

3. 돈 없이 살아보기 체험을 마치고 느낀 점

일주일 동안 돈을 안 쓴다고 나름대로 노력했는데 마음처럼 쉽지는 않았다. 그래도 하나는 지켰다. 단순한 군것질 때문에 돈을 쓰진 않았다는 것이다. 이 점은 정말 뿌듯하다. 이번주 동안 매점 가고 싶을 때가 많았는데 평소에는 가고 싶을 때마다 가기 때문에 정말 돈을 많이 쓰겠구나 하는 생각이 들었다. (…) 이제 도전 기간 일주일이 지났다. 다시 나태해지거나 낭비할 수도 있겠지만 이번 도전을 되새기면서 아낄 줄 모르고 함부로 낭비하는 태도도 고칠 것이다.

 # 1,000원 이상 돈 벌어보기

많은 학생들이 체험 과제 목록에서 〈1,000원 이상 돈 벌어보기〉를 발견하고 즐거워한다. 숙제도 하고 돈도 벌고, 정말 일석이조라고 생각하는 것이다. 하지만, 많은 학생들이 처음 먹은 마음과는 달리 생각보다 돈 벌기가 쉽지 않다는 것을 깨달으면서 이 활동을 포기하고 다른 활동으로 바꾸기도 한다.

학생들은 어떻게 돈을 벌까? 2003년 땅콩 선생이 처음 체험활동 과제를 내주었을 때에는 많은 학생들이 각종 배달 음식점의 전단지를 아파트 현관문에 붙이는 아르바이트를 했다. 학교에서 경제체험활동 과제가 부과되었다는 사실이 동네에 알려지자 이 기회를 이용해 학생들을 싼 값에 고용하는 사례도 벌어졌다. 1,000원만 주면 무슨 일이든 할 각오가 되어 있는 선량한 청소년들이 일자리를 구하러 쏟아져 나오고 있으니까! 거의 착취 수준에 가까운 일을 하고서도 일자리를 구해서 과제를 무사히 마칠 수 있어서 다행이라고 자평한 보고서를 읽으며, 땅콩 선생은 뭔가 문제가 있다고 생각했다. 착취에 감사하는 마음을 키우라고 학생들에게 그런 과제를 내준 것은 아니었으니까.

학생들이 돈 벌기의 막막함에 부딪혔을 때 도움이 될만한 사례를 너무 부족하게 제시했다고 반성했다. 그래서 2004년부터는 보다 구체적으로 사례들을 제공했다. 학생들은 별 의미 없는 노동에 싼 값으로 고용되기보다는 스스로 일자리를 만들어내는 쪽을 택하기 시작했다. 잠시지만 '창업'을 한 것이다. 이후 이어지는 창업체험을 생각해 봐도 이 변화의 방향은 바람직한 것이다.

학생들이 직접 일거리를 만들어낸 경우를 보자.

재화를 판 경우	· 산에 가서 등산객들에게 생수 팔기, 산에 가서 등산객들에게 커피나 녹차 팔기 · 김밥 만들어 팔기, 주먹밥 만들어 팔기, 샌드위치 만들어 팔기, 쿠키 만들어 팔기, 토스트 만들어 팔기(가장 많은 학생들이 이 부류의 활동을 선택했다.) · 호박죽, 도토리묵, 멸치 반찬 팔기 · 뻥튀기 팔기, 음료수 팔기 · 호루라기가 달린 목걸이 만들어 팔기 · 커스텀 티 팔기 · 콩나물 키워서 팔기
용역을 판 경우	· 유원지에서 마술공연하기 · 이삿짐 나르기 · 과외 선생님 집 청소하기 · 구두 닦기 · 다 쓴 문제집과 참고서 팔기(아파트 단지를 돌며 재활용품으로 내놓은 헌책을 따로 모았음), 공병과 폐종이를 모아 팔기

콩나물 키워서 팔기에는 재미있는 사연이 있다. 부산에 있는 한 교사가 이 글을 읽고 자신의 수업에 얼른 적용했다. 횟집이 많은 지역에 살고 있던 아이들 몇 명이 선생님이 숙제를 내주자마자 몇 개의 화분에 상추씨를 뿌렸다. 40일 남짓 흐른 뒤 아이들이 정성껏 키운 상추는 주변의 횟집에 팔려나갔다. 우연한 기회에 땅콩 선생을 만난 부산 선생님이 이 이야기를 땅콩 선생에게 전했고, 땅콩 선생은 학교에 가서 아이들에게 전해주었다. 땅콩 선생의 학생들 가운데 몇 명이 그 이야기에서 아이디어를 얻어 콩나물을 키워서 팔았다. 서로 한 번도 만난 적이 없는 학생들이 서로의 아이디어에 자극을 받으며 발전해 나가는 모습이 정말 멋지지 않은가!

'콩나물 키워서 팔기'를 실천한 학생들이 꽤 많았는데, 땅콩 선생이 놀란 것은 그 아이들 가운데 동일한 방식으로 판매를 한 학생이 하나도 없었다는 사실이다. 학생들은 정성껏 키운 콩나물을 깨끗이 씻고 다듬어 한 번 국 끓여먹을 만큼씩 포장하여 아파트 상가의 여사장들(모두 집에 가면 저녁 반찬을 걱정해야 하는 직장 여성이다!)에게 팔기도 하고, 직접 시장 입구에 앉아서 "경제 숙제하는 중입니다. 제발 사주세요. 정성을 다해 키웠습니다"하는 등의 문구를 내걸어 적절한 동정과 관심을 요구하면서 팔기도 했다.(시장통에서 콩나물을 판 학생이 30분이 지나도록 콩나물을 하나도 팔지 못하자, 결국 몰래 따라 나와 지켜보던 그 학생의 어머니가 개시를 해주었다고 한다.) 학교에 와서 선생님들을 상대로 예약 주문을 받아 콩나물을 파는 경우도 있었다.(이 경우에도 주문만 하면 깨끗하게 다듬어서 가져다준다.) 교회 예배가 끝나는 시간에 맞추어 매대를 설치하고 콩나물을 판 학생도 있었다.

이 과정에서 학생들은 어떻게 하면 자신의 상품을 잘 팔 수 있는지를 궁리하고, 상품을 정성을 다해 다루는 것을 배웠다. 때로 자신의 정성과 시간이 오롯이 담긴 콩나물을 턱 없이 싼 가격에 판매하면서 분통을 터트리기도 하고, 자기를 믿고 콩나물을 사준 사람들에게 깊이 고마움을 느끼기도 했다.

한편으로 학생들은 시행착오를 통해 배운다. 비용은 계산하지 않고 매출을 이익으로 착각하였다가 가슴을 치기도 하고, 처음에 정한 가격이 적절하지 않다는 것을 스스로 깨닫고 조정하기도 한다.

우리는 그때까지 순이익을 고려하지 못하고 있었다. 계산해 보니 순이익을 둘이 합쳐서 300원이 부족했다.

(순이익=총이익 4,500 - 생수 값 2,800 (350×8)=1,700)

— KBR 학생의 보고서에서

세 명의 학생이 새벽부터 잠을 설쳐가며 장을 보고 김밥을 만들었다. 김밥을 팔려고 나선 곳은 안양천. 이곳에는 달리기를 하러 나온 사람들이 많으니 뛰고 나서 허기진 사람들을 상대로 팔면 좋을 거라 생각한 것이다. 하지만 한 줄도 못팔았다. 왜? 뛰어본 사람은 안다. 러너들은 차비정도의 비상금 외에는 돈을 가지고 다니지 않는다. 그리고 뛰고 난 직후에는 배가 고프지 않다. 결국 학생들은 조기축구회가 축구를 하고 있는 학교 운동장에서 판매에 성공한다.

다음으로는 기존에 있던 일자리를 얻어서 활동을 한 경우이다. 주로 노래방 아르바이트, 음료수 회사의 주말 아르바이트(제품 배달 돕기), 방청객 아르바이트, 교회 세탁소 아르바이트(배달 및 수거), 롯데리아 아르바이트, 롯데마트 창고 청소, 미용실 청소하기 등이었다. 이 경우에도 롯데리아에서 5개월째 아르바이트를 하고 있던 한 학생을 제외하고는 스스로 찾아가서 짧은 기간(하루나 이틀) 할 수 있는 잡일을 맡겨줄 수 있느냐고 부탁하여 한 일이기 때문에 스스로 일자리를 만들어낸 측면이 강하다.

학생들은 이 체험을 통해 돈 벌기가 정말 쉽지 않다는 사실을 깨닫게 되었다. 전에는 머리로 알았지만, 이제는 몸으로 깨우치게 된 것이다. 그런데 정말 놀라운 일은 이렇게 힘들게 번 돈을 불우이웃돕기와 같이 다른 사람을 위해 쓰거나 학용품을 마련하는 데 쓰는 학생들이 많았다는 사실이다. '힘들게 번 돈이니 값지게 쓰고 싶다'는 의식이 작동한 결과일 것이다.

일을 모두 끝내고 밥을 먹으며 보니 우리 네 명 각자에게 남는 돈은 재료비를 제외하고 약 4,000원 정도였다. 거의 5시간 정도를 투자해서 힘들게 한 일이었는데 번 돈은 4,000원 밖에 안 된다는 사실이 슬프기도 하고, 억울하기도 하고, 이렇게 어렵게 번 4,000원을 어디에다 쓸지 많은 고민을 하게 됐다. 결국 나는 이 중 2,000원을 동전으로 바꿔 내가 한 달 전 쯤 시작한 '사랑의 빵'에 넣었고, 나머지 2,000원으로는 한자 특별시간에 필요한 수첩과 파일, 연습장 하나를 샀다.
                                                    ─ CYK 학생의 보고서에서

숙제도 숙제지만 무엇보다 좋았던 것은 역시 돈 벌기가 그렇게 쉽지 않다는 것을 깨달은 것이다. 이번 경제활동으로 한 명 당 1,000원 정도밖에 벌지 못했다. 우리가 일한 노동에 비하면 매우 부족한 돈일지 모르지만, 그렇게 열심히 일하고 1,000원밖에 벌 수 없었던 점이 오히려 더 마음에 깊이 남을 것 같다. 벌은 6,000원은 즐거움 반 아쉬움 반으로 은행에 불우이웃돕기 성금으로 냈다.

— SJB 학생의 보고서에서

구두 닦기로 돈 벌어보기

음식을 만들까 굶어 볼까 여러 가지를 생각하다가 평범하지 않고 참신한 아이디어를 생각해낸 것이 바로 "구두 닦으~."
구두 닦기를 생각하고 며칠 동안 곰곰이 생각을 했다. 과연 내가 혼자 이 일을 할 수 있을까. 주위 친구들도 그걸 어떻게 해! 완전 얼굴 팔려. 하지 마! 말리는 친구가 대부분이었다. 그런 도중에 지민이를 만났고, 우리는 뜻을 모아 같이 경제 숙제를 하기로 했다.

맨 처음 구두 닦기의 대상은 학원 선생님. (…) 신발 세 켤레를 들고 교무실 옆에 있는 창고에 들어가 우리는 닦기 시작했다. 흰 목장갑에 한쪽에는 솔과 걸레! 구두 닦고 있는 모습이 얼마나 웃기던지 우리는 서로의 모습을 보면서 한참 동안 웃었다. 평소에 아빠 구두를 닦아본 적이 없어 처음에는 무엇을 어떻게 시작해야 할지 막막했다. 선생님들 구두라서 그런지 우리가 닦다가 괜히 가죽을 상하게 하는 것은 아닌지 이건 구두약으로 닦으면 안 되는 구두 아닌지 하면서 우리는 온갖 걱정을 하면서 정말 정성을 다해 닦기 시작했다. 어느새 내 이마를 보니 땀이 송골송골 맺혀 있는 것이었다. 구두 닦기는 평소에 힘들지 않은 일, 하찮게만 봤었는데 아주 큰 오해였다. 이 세상에는 쉬운 일이란 것은 없던 것이었다. 조금 닦았을 뿐인데 이렇게 힘들다니!

그런데 이것이 끝이 아니다. 우리의 노간은 지금부터 시작이다. 지민이와 나는 우리 나름대로 정말 열심히 닦았는데 선생님들 반응이 우리가 예상했던 것과는 아주 다른 것이다. 우리의 예상은 이랬다.

"오~우리 윤경이와 지민이 수고했다. 얼마면 되니? 얼마면 돼?"

이건 어디까지나 우리의 착각일 뿐! (…) 선생님이 말씀하시길 "이걸 돈 줘야 되나 돈 못 준다. 이래서 돈 벌겠나?" 사투리를 섞어 말씀하시면서 노력이 가상해 보였던지 노력 값이라며 돈을 주셨다. 그리고 평가란에 쓰시길 "돈 벌기는 힘들겠음."

(…) 구두 닦기! 전에는 정말 천한 직업이라고 생각했었다. 공부 못하면 하는 직업?! 하지만 그게 아니었다. 구두 닦기라는 직업도 그 나름대로의 큰 뜻을 가지고 있는 것 같다. 구두 닦을 때 한 동작 한 동작 할 때마다 정말 얼마나 큰 정성을 쏟는지 이제야 알 것 같다. 구두 닦기에도 고귀한 장인의 정신이 깃들어 있다. 손끝으로 전해지는 솔의 움직임 정말 멋있다.

(…) 마지막으로 서비스 차원에서 아빠 구두를 닦아 드렸다. 평소에 안 하던 행동을 해서 그런지 아빠가 의아해하셨다. 그러시면서 나에게 천원을 건네주셨는데 그때는 더 이상 돈이 중요하지 않았다. 이번 숙제를 통해 나는 돈보다 더 큰 것을 얻었기 때문이다.

(…) 다음에는 학교 선생님들 구두를 닦고 싶다. 점수도 따고 돈도 벌고 완전 일석이조다. 시금도 학원 신생님께서 "니네 구두 안 닦냐" 하시면서 돈 줄 테니까 닦아달라고 하신다. 진짜 기회가 된다면 다시 한번 닦고 싶다. 그때는 향수도 준비해서 신발에 뿌려서 고객들의 만족감을 온몸으로 느껴보고 싶다. 그리고 고객들 입장에서 먼저 생각하게 되는 직장인의 자세! 앞으로 소비자의 마음을 한 번에 사로잡는 방법도 생각해 보게 되었고, 앞으로 사회에 나가 사람에게 대하는 태도 등 여러 가지 커서 겪게 될 일을 한번 겪어본 것 같다.

경제 선생님~ 선생님도 한번 저희에게 구두 맡기실래요? 잘 해드릴게요~

— JYK 학생의 보고서에서

세탁소에서 돈 벌어보기

교회 선생님이 운영하고 계시는 세탁소는 경기도 안양시 아파트 단지에 위치하였다. 버스를 타고 가는데도 30분씩이나 걸렸다. 처음 가보는 곳을 찾는 것도 만만치 않을 것이라 생각했는데, 다행히 잘 찾아서 세탁소에 도착하였다. 세탁소에서 과연 무슨 일을 할지, 설마 세탁? 이런 거 하는 것일까? 생각했지만, 배달과 장부 적는 것을 하라고 시키셨다. 하긴 우리가 세탁을 한다면 말이 되겠나, 세탁소 망칠 일 있나 하고 생각했다. 나는 배달을 택하였고 동진이는 장부 적는 일을 맡게 되었다.

나는 배달을 처음하고 아파트 단지라 약간 걱정이 되었다. 처음 먼저 인사를 하고 돈을 받고 어떻게 인사해야 될지 내 생각대로 외우고 외웠다. 그리고 더구나 아파트에 살지를 않아서 호수 찾기가 어려울 것이라 생각했다.
세탁 배달을 가게 되었다. 어이없게도 호수 찾기는 누워서 떡 먹기였다.
벨을 누르고 "세탁 배달왔습니다." 돈을 받고 "고맙습니다."
얼마나 간단하던지 내가 멍청한 것 같았다.

배달해서 손님에게 받는 그 돈의 느낌은 처음이라 얼마나 뿌듯하던지 비록 내 돈은 아니었지만, 그만큼 값어치가 있었다. 배달을 하던 중 20층 맨 꼭대기층 배달을 가게 되었다. 처음에는 엘리베이터를 타고 20층을 올라갔다. 배달을 마치고 세탁소로 돌아가기 위해 엘리베이터를 타려고 갔더니, 엘리베이터가 19층부터 내려가고 있는 게 아닌가!! 나는 성격이 급해서 시간 끌기 아까워서 그냥 마구잡이로 20층부터 1층까지 계단으로 내려갔다. 10층에 도착하자 숨이 막혀 죽는 줄 알았다. 1층에 도착해 보니 얼마나 발이 쑤시던지 지금 와서 내가 생각해도 미련한 짓을 했다. 장부를 적던 동진이도 배달을 가게 되었는데, 둘이서 같이 하게 되니 훨씬 수월해졌다.

(…) 10번 정도 배달을 갔다와 보니 일을 다 끝마치게 되었다. 그만큼 1시간이 지나갔고 일을 모두 마치고 집으로 돌아갔다.(…)
집에 도착한 후 몸이 이리저리 쑤셨지만 나와 동진이가 일해서 번 일당 5,000원짜리 신권을 생각하면 정말 기분이 얼마나 좋던지 꿈속에서도 5,000원짜리 신권이 날아다닐 정도였다. (…)

— BSY 학생의 보고서에서

경제체험3 가사노동 전담하기

조건은 주말을 이용해 1박 2일 동안 가사노동을 전담하는 것이다. 어떤 학생이 이 활동을 선택했을까? 돈 없이 살아보기를 선택하기에는 군것질을 너무 사랑하는 학생, 과제 마감일이 임박하도록 아무것도 해놓지 않은 학생, 돈 벌러 다니기에는 배쌍이 부족한 학생, 집에서 이 기회에 숙제도 하고 효도도 하라고 강요를 받은 학생들이 가사노동 전담하기를 선택한다. 학생들은 청소와 식사 준비, 설거지, 빨래 등의 가사노동을 하면서 1박 2일(주로 노는 토요일을 포함)의 일정을 소화하게 된다. 땅콩 선생은 특히 '평소 가사노동 참여도가 낮았던 학생, 또는 남학생'이 이 활동을 선택하면 후하게 평가해 주겠다고 약속까지 한다.

앞의 두 체험에 비해 별 어려움이 없는 활동으로 보이지만, 많은 학생들이 밥을 하거나 세탁 자체를 처음 해보는 일인지라 어려움을 겪었다. 가사노동 체험에서 다른 활동과 달리 두드러지게 나타난 특징은 가족들의

'협조'였는데, 부모님들은 이 기회를 이용해 학생들에게 가사노동의 어려움을 깨닫도록 하기 위한 행동을 보여주었다.

아침밥 하는 걸 엄마의 도움을 받아서인지 힘든 건 없어서 아직 괜찮구나 싶었는데 지금부터가 문제였다. 엄마가 집안 청소와 화장실 청소를 맡기고 나가셨다. 먼저 청소기를 돌리고 걸레질을 하는데 정말이지 내 허리가 끊어지는 줄 알았다. 너무너무 힘들었다. 심지어는 간단한 걸레를 빠는 일 조차도 힘들었다. 혼자 점심을 차려먹고 설거지를 하고 목욕탕 청소를 했다. 욕조, 세면대, 변기, 바닥 등을 닦으면서 끊임없이 드는 생각은 평소엔 정말 작았던 화장실이 오늘따라 왜 이렇게 자꾸 커 보이는지……

— SNH 학생의 보고서에서

보고서에도 부모님의 의견을 적어 보내주는 경우가 많았다. 고등학생 정도 되면 가정과 학교가 완전히 분리되어 자녀가 학교에서 어떤 것을 배우는지에 대해 관심을 놓아버리고 그 결과인 성적에만 주목하는 경향이 있는데, 가사노동 체험 과제는 학생들이 부모와 적극적으로 소통하는 데 어느 정도 도움을 주고 있었다.

부모님을 도와주는 수행평가가 많았으면 좋겠습니다.   — SCH 학생의 아버지

우리 IH는 평소에도 시간 있으면 집안일을 곧잘 도와주곤 합니다. 이번 일을

통해 많은 것을 느끼고 배울 수 있는 기회가 되었을 거라고 생각합니다.

— BIH 학생의 어머니

학생들은 이 과정에서 새로운 발견들을 하게 된다.

단 며칠밖에 안 하는 가사노동이지만 내게 작은 변화가 생겼다. 항상 아침에 일어나면 이불을 개지 않았고 쓴 수건을 의자 같은 곳에 걸어두었는데, 오늘 아침에는 씻고 방에 와서 문득 생각나 이불을 개었고, 쓴 수건도 세탁기에 넣었다. 오늘은 평소보다 30분 정도 일찍 일어났다.　　　　— KUY 학생의 보고서에서

집에 오자마자 들리는 소리는 내 동생의 '오빠 배고파, 밥 좀 차려'였다. 내가 자기 식모야? 하는 생각을 접어두고…….　　　　— LKL 학생의 보고서에서

토요일 아침 가족들 다 음식 때문에 불평했을 때 (…) 나는 열심히 만들었는데 가족들이 다 그런 반응을 보이니깐 속상했다. 특히 나는 평소에 어머니 음식에 불평을 많이 했었다. 음식을 못하시는 건 아니신데 요즘 짠 게 몸에 안 좋고 조미료를 쓰면 안 된다고 하시면서부터 음식 맛이 변하기 시작하셨다. 어머니는 우리 건강 생각하시고 열심히 만들어 주셨을 텐데 나는 그렇게 불평을 했으니 많이 속상하셨을 거라 생각되었다.　　　　— KJY 학생의 보고서에서

동생 방에 가서 이불을 갰다. 그리고 빗자루를 가지고 와서 방을 쓸었다. 이 녀

77

1박 2일 전업주부하기　　　　　　　　KJY (구일고 2학년)

솔직히 수행평가 하는 걸 잊어버리고 있었는데 6반의 세은이랑 한비가 야자시간에 주먹밥 파는 걸 보고 배고파서 그것을 사주고 증거 자료로 사진도 찍어주면서 재미있겠다고 생각했다. 나도 친구랑 같이 따라하려다가 마감시간도 얼마 안 남았고 해서 혼자 다른 걸 찾아 헤매다 교회 앞에 있는 분식집에서 알바를 하기로 했었다. 과외하러 다니면서 튀김을 사먹고 아주머니랑 친해지고 그래서 거의 알바하는 쪽으로 갈려 했었다. 그치만 엄마가 방 치우시다 경제수행 프린트를 우연히 보시게 되어서 부모님의 적극 추천과 안 하면 용돈을 깎겠다는 어머니의 협박으로 인해서 분식집 알바를 포기하고 1박 2일 전업주부 일을 하게 되었다.

첫째날(토요일)

새벽 6시에 일어났다. 한 시간 더 늦게 일어났지만 피곤한 건 마찬가지이다. 원래 이 시간이면 컴퓨터를 켜고 EBS를 보고 있어야 했지만 난 부엌으로 향했다. 부엌은 전쟁터였다. 안 그래도 비좁고 오래된 데다 설거지까지 쌓여 있고 이걸 치우자니 한숨밖에 안 나오지만 치웠다. 치우는 소리에 어머니는 깨셨고, 내가 부엌일 하는 걸 보고 그제야 숙제인 줄 아셨는지 잘해 보라는 말과 아직 눈이 감긴 채로 웃으시면서 방에 들어가셔서 성경 책을 쓰셨다.

우선 아침밥이 문제였다. 나 혼자 간식거리로 여러 가지 만들기는 해봤지만 밥상 차리기는 처음이라서 난감했었다. 다행히 어제 어머니가 장을 봐두셔서 계란 한 판과 양배추가 있었다. 당근과 양파가 있어서 계란말이를 만들었다. 양배추는 채를 썰어서 소스를 뿌려 샐러드를 만들었고 밥은 우리 집은 압력밥솥이라서 위험해 쌀 씻고 물 붓는 것은 내가 했지만 마지막 뜸 들이고 하는 건 어머니가 도와주셨다. 마지막 찌개 아님 국이 문제였는데 어제 먹다 남은 김치찌개가 보였다. 순간 부대찌게가 생각나서 퓨전 요리를 하기로 했다.

김치찌개도 많이 안 남았고 두 사람 정도 먹을 게 있었는데 고기도 거의 안 보였고 김치만 있었다. 분명 동생이 다 골라먹었을 것 같다. 아무튼 물을 조금 더 붓고 고춧가루와 김치 조금 더 넣고 부대찌개에 햄은 있어야 했기에 그저께 김밥을 싸고 남은 김밥용 햄을 넣었다. 부대찌개의 로망은 라면……. 뭔지 모르지만 봉지가 뜯어진 채 있는 라면이 있어서 대충 넣고 먹어봤는데 맛은 그럭저럭 먹을 만했다. 그렇게 해서 차려진 밥상은 밥, 계란말이, 퓨전찌개, 샐러드, 김치, 깍두기……. 평소 우리 집 식탁이라면 진수성찬이지만 내가 한 음식은 거의 그림의 떡이었다. 동생은 밥 좀 먹다가 샐러드만 먹고 아버지는 찌개 한번 드시고 다시 TV 보러 가셨고 어머니는 다 드셔주셨다. 나도 밥 세 숟갈 먹고 도저히 못 먹을 것 같아서 샐러드만 먹었는데……. 사실 계란말이하다 모르고 굵은 소금을 넣어서 좀 짰었다. 어머니는 맛있었다고 해주셨고 난 맛없는 걸 알았기 때문에 그냥 어머니한테 고마웠고 왠지 모를 감동 같은 게 느껴졌다.

그렇게 한 고비 넘기고 상을 안 치운 채로 컴퓨터를 하면서 좀 쉬었는데 그 시각 부모님은 TV를 보고 계시고 동생은 침대에 누워서 만화책을 보는데, 전혀 상을 치울 기색이 없어서 한 시간 뒤에 내가 치웠다. 치우는 게 그렇게 귀찮은 줄 몰랐는데, 치우다 손에 김칫국물 묻고 귀찮아서 한번에 쌓아서 하려다가 다 쏟아져서 순간 정신을 놓아버려서 던질 뻔했다. 접시는 안 깨져서 다행이었다. 아버지는 아침도 안 드시고 짜증이 나셨는지 할려면 똑바로 하라고 하시는데 그렇게 미울 수가 없었다.

다 치우고 설거지를 마친 뒤 바로 빨래를 세탁기 속에 집어넣었다. 어머니가 교복 헤진다고 손빨래하라고 하셨지만 귀찮은 관계로 몰래 다른 빨래랑 같이 집어 넣어서 세탁기를 돌렸다. 그때 처음 알게 된 것이 가끔 가다 세탁기를 보면 전자시계처럼 1:01 이렇게 써 있어서 시간이 1시간 1분 남은 줄 알고 있었는데 오늘 보니까 1번 세탁하고 1번 탈수라고 되어 있는 것이다. 별것도 아니지만 왠지 신기했었다.

세탁기를 돌리고 나서 화장실 들어온 김에 어질러진 비누랑 샴푸 원래 자리 찾아주고 지저분한 거 치우고 했는데……. 비누 묻은 거 씻으려니까 너무 귀찮아서 물 대충 묻히고 수건으로 닦은 다음 수건을 세탁기 속에 넣어 버렸다. 화장실에서 나오다 보니 현관이 보였다. 신발이 너무 지저분해 보여서 치우다 보니 예전에 발에 깁스했을 때 씻던 발 보호대도 보였고 전에 신던 다 닳은 신발들도 보였는데 치우는 김에 다 모아서 수거함에 집어넣고 와버렸다. 신기한 건 아버지 구두를 봤는데 500원짜리가 들어있어서 때 아닌 횡재를 했었다.

다하고 시간을 보니 그때가 10시였나? 아버지는 어머니가 구역예배 드리러 나가신다니 깐 다시 주무시고 동생은 컴퓨터하고 난 거실 바닥에 누워서 오늘 할 거 하고 내일 할 것을 정리를 하고 있었다. 빨래가 다 되어 삑삑하고 소리가 나길래 빨래를 널려고 하는 순간 방을 쓸지를 않아서 지저분한 관계로 빨래를 거실 바닥에 내려놓을 수가 없었다. 황사 때문에 밖에다 빨래를 못 널어서 방안에다 빨래를 널었기 때문에 빨래를 방안에다 내려놓는 상황이라 어쩔 수 없이 빗자루를 들고 거실부터 먼저 쓸고 닦고 난 뒤에 빨래를 널었다. 빨래를 너는데 양말 하나하나 너는 게 귀찮아서 가족들한텐 미안하지만 짝도 안 맞추고 대충 걸어놓았다.

빨래를 다하고 이젠 방들을 치우려고 둘러보는데 내 방은 그런대로 옷들만 치우면 될 것 같았고 안방은 아직도 아부지가 주무시고 계시고 거실은 대충 치웠고 화장실도 다했고 동생 방은 자기보고 치우라고 했다. 자기의 일을 스스로 하는 거라는 걸 강조하면서. 의외로 방 청소는 다른 청소하다가 조금씩 해놔서 쓸고 닦기만 하니까 깨끗했다. 그렇게 치우고 나서 시계를 보니 11시였다. 쉴 틈도 없이 또 점심 준비를 해야 될 것 같고 귀찮고 밥도 맛없다 보니 집에 있는 동생이랑 협의 결과 짜파게티 요리사가 되겠다는 일념 하나로 슈퍼에 가서 사비를 털어 짜파게티를 사서 끓였다. 아버지는 그때도 인상을 찌푸리셨고 난 고개 숙이고 열심히 먹기만 했다. 밥도 비벼서 먹고, 동생은 진짜 잘 먹는다. 살 좀 빼야 되는데…….

설거지까지 마친 다음 안방에 이불을 개고 아버지는 그때서야 씻지도 않으시고 아버지 학원 청소하러 가신다고 나가셨고 그때서 나는 씻고 나갈 준비를 하였다. 아침부터 그렇게 고생하니 기운이 빠져서 너무 힘이 들었다. 과외가 1시간 거리이고 2시부터 5시까지 하고 교회가 바로 옆이고 7시부터 찬양단 연습을 하기 때문에 그 사이 시간은 어쩔 수 없이 집안일을 못한다. 다하고 집에 가니 밤 11시였고 너무 피곤해서 옷 갈아입고 씻으러 화장실에 갔는데 엉망진창이었고 부엌은 다행히 저녁을 시켜 먹으셨는지 깨끗했다. 이불 깔고 다른 때 같으면 컴퓨터하거나 문자를 히다 잘 테지만 어젠 너무 피곤해서 이불을 까는 동시에 미끄러지듯 잠이 들어버렸다.

둘째날(일요일)

오늘도 6시에 일어났다. 너무 피곤한 관계로 그때 알람을 맞춰 놨다. 오늘 아침은 떡국. 어제 점심 때 동생이 전수해줬다. 다시다 넣고 떡국과 계란 풀어 넣으면 된다고. 너무 쉽고 간편하고 아버지도 어제보단 좋아할 것 같은 예감이 들었기에 만들었다. 내가 한 것 치고 정말 맛있었다. 그래서 오늘은 자신 있게 상을 차리고 큰 소리로 가족들을 불렀는데 상에 차려져 있는 건 떡국 그릇과 앞에는 김치. 동생과 어머니는 엄청 웃으셨다. 아버지는 아무 말 없이 드시기만 하셨다. 뭐 어제보단 차린 건 없었지만 훨씬 맛있었다. 어제 방을 치워서 그런지 별로 치울 건 없고 어지른 것 좀 치우고 이불을 개고 교회 갈 준비를 하였다.

2년 전부터 아버지랑 나는 멀리 교회를 다니고 아머니랑 동생은 가까운 교회를 다녀서 나랑 아버지는 아침에 교회 갔다가 저녁 때쯤 온다. 원래 이 수행평가를 하려고 했던 분식집이 교회 앞에 있는 곳인데 이미 전업주부 일을 하고 있어서 주인아저씨께 못하게 돼서 죄송하다고 말씀드리고 교회 형이랑 튀김이랑 순대를 먹고 나왔다.
왠지 아쉬웠다. 분식집 알바하면 재미있을 것 같기도 하고 일당도 줄 텐데 하고 생각했다. 저녁엔 어머니가 부침개 만들어 먹자 하셔서 같이 장을 보러 갔다. 할인마트로 가서 카스타드랑 초코파이, 우유와 요구르트 등과 부침개 준비할 걸 샀는데, 어머니가 나랑 다시는 징보러 같이 안 오겠다고 하셨다.

집에 와서 손을 씻고 부침개를 만들었다. 다마네기도 썰고 밀가루도 반죽하고, 어머니가 할 땐 부침개가 이뻐지는데 내가 하면 다 찢어져서 볼품없이 되어 버렸다. 결국 내가 만든 걸 다 찢어서 보기 좋게 만든 다음 먹었다. 뭐 크게 만들어서 먹는 것보다 이게 먹을 때만큼은 편한 것 같아서 다음부터 이렇게 먹기로 어머니랑 이야기를 했었다. 부침개 다 먹고 설거지까지 끝내고 이불 다 깔고 내가 이 숙제를 하는 동안 가족들이 잘 준비를 하고 있다. 참, 그리고 어제 오늘 우리 집에서 나온 쓰레기가 쓰레기봉투 50짜리를 거의 다 채웠었다. 사진을 찍으려 했지만 어머니가 못 찍게 하신 관계로 차마 못 올렸고, 분리수거는 귀찮아서 안했다.

일을 마친 후 일어난 일과 나의 생각

지금도 아까 만든 부침개를 먹으며 이 숙제를 하고 있다. 어머니가 이틀 전업주부 일을 해보니까 어떠냐고 물어보시는데, 솔직히 너무 힘들고 귀찮은 일이 한두 가지가 아니었다. 토요일 아침 가족들이 다 음식 때문에 불평했을 때, 나는 열심히 만들었는데, 가족들이 다 그런 반응을 보이니까 속상했다. 나는 평소에 어머니 음식에 불평을 많이 했었다. 음식을 못하시는 건 아니신데 요즘 짠 게 몸에 안 좋고 조미료를 쓰면 안 된다고 하시면서부터 음식 맛이 많이 변하기 시작하였다. 어머니는 우리 건강 생각하시고 열심히 만들어 주셨을 텐데 나는 그렇게 불평을 했으니 많이 속상하셨을 거라 생각되었다. 내 방 청소 말고 우리 집 방 청소는 한 달에 두 번 정도는 내가 하는 거라서 크게 힘들지 않았지만 어제 오늘 같이 빨래와 방 청소, 설거지에 밥 짓는 일까지 다하는 게 너무 힘들었고, 특히 설거지할 때 허리가 많이 아팠다.

어머니는 매일 일하시고 오셔서 집안일하시고 고생하시고 매일 안방에 누워서 TV 보시면서 안마기로 어깨랑 허리에 대고 있으시는데 나는 내가 어머니보다 더 바쁘고 힘들게 살고 있었는 줄 알았는데 그게 아닌 것 같았다. 어렸을 때부터 부모님이 맞벌이를 하셔서 어머니가 집안일 잘 못하시지만 그래도 우리한테 잘해 주시려고 많이 노력하시는데 내가 여태까지 그런 걸 잘 이해 못해드리고 철없이 행동한 것 같고 죄송스런 마음도 많이 들었다. 앞으로 시간이 날 때면 내가 어머니 하는 일도 좀 도와드리고 어깨도 잘 주물러드리고 할 것이다. 앞으로 좋은 신랑감 되려면 음식도 좀 배우라는 동생의 말도 잘 새겨둬야 될 것 같다. 경제 선생님께 감사히 생각한다. 이번 수행평가 숙제 내주신 거에 귀찮기는 했지만, 내가 한 일들로 인해서 어머니 입장에서 더 많이 생각할 수 있었다.

1박 2일 전업주부하기　　　　　　　SYH (구일고 2학년)

처음에는 일주일 동안 돈 안 쓰기를 하려고 했는데 도저히 돈을 안 쓰고 살 수가 없어서 결국 급하게 집안일을 하게 되었다.
엄마는 처음에 내가 집안일을 한다고 하니까 못 믿는 눈치로 계속 진짜 할 거냐면서 되묻고 또 되물으셨다. 왜냐면 평소에 SYH하면 게으른 아이라고 알려져 있었기 때문이다. 그래서 여태까지 엄마를 제대로 도와준 적이 없었다. 지금 생각해 보니까 정말 내가 불효자였던 것 같다. 진짜 한심한 놈이다.
집안일하면 쉬운 일이라고 생각했었다. 그냥 대충 설거지하고 세탁기가 빨래 다 해주고 밥은 전기밥솥이 해주고 정말 편한 숙제구나 생각했었다. 하지만 내가 생각했던 것과는 달리 처음부터 할 일이 막막했다. 다행히도 노는 토요일이라서 아버지가 쉬시는 바람에 일찍 일어날 필요는 없었지만, 그래도 아침을 제때 드시는 아버지 때문에 일찍 일어나서 아침을 준비해야만 했다. 7시에 일어나서 밥을 앉히고 기다리는 동안 난 그만 깜빡 잠이 들었다. 그 모습이 엄마는 안쓰러웠던지 나 몰래 앉힌 밥을 다 차려주셨다. 왜 안 깨웠냐면서 엄마한테 화를 냈지만 그래도 엄마 마음을 생각하니까 내 자신이 한심스럽고 바보 같았다. 엄마는 나를 생각해서 그런 건데…….

식사 후에 설거지를 하려고 고무장갑을 끼고 접시를 닦으려는데 손 움직임이 불편하고 거치적거리는 느낌이 들어서 그냥 맨 손으로 설거지를 했다. 퐁퐁을 너무 많이 쓴다고 어머니가 꾸중을 하실 때는 조금 짜증이 났지만 그 다음으로 한 주 동안 밀렸던 빨래를 했다. 세탁기가 빨래를 다 한다고 생각했었는데 그것도 아니었다. 내가 물 다 맞추고 세제도 적당량 넣고 탈수도 시키고 빨래만 해도 장난 아니었다. 그리고 빨래를 다 하고 그 다음부터가 제대로다. 털어서 옷걸이 걸어서 다시 베란다에 걸고 이걸 어떻게 평생 동안 엄마 혼자 해 왔을까? 정말 대한민국의 어머니는 장하고 대단한 것 같다. 내가 만약에 여자였으면 이 일을 다 했을까? 생각만 해도 정말 끔찍하다. 차라리 밖에서 돈 벌어다주고 아내가 해주는 밥 맛있게 먹고 싶다. 그리고 가끔씩 시간 내서 아내도 도와주고 말이다.

이제부터 시험 기간이라서 토요일에도 학원을 가야 했다. (…) 학원에서 집으로 도착하자마자 바로 청소를 시작했디. 집안일 중에서 가장 힘든 청소! 먼저 바닥 주변에 떨어진 큰 쓰레기 먼저 줍고 청소기를 돌리기 시작했다. 예전에 엄마가 청소기를 돌리라고 하면 겉만 대충 하고 했었는데, 이제는 주부인 내가 그런 것을 못 참게 됐다. 속 구석구석까지 청소기를 돌리는 내 모습에 정말 말할 수 없을 정도로 놀라웠다. 내가 이렇게 변하다니. 정말 구석구석 먼지를 청소기로 빨아들이니까 내 속이 후련했다. 그리고 청소기의 소음이 좋은 노래 소리로 들리는 것이었다.

이제는 밀대로 바닥을 광낼 차례! 요즘에는 엄마들을 위해 밀대라는 것이 나왔는데 예전에 엄마가 허리를 구부리고 닦아서 허리 아파하는 모습을 볼 수 없게 돼서 너무 좋은 청소도구 같다. 진짜 밀대가 있으니까 편하고 허리도 한결 덜 아팠다. 하지만 한 가지 단점이 있다면 속 구석구석까지 잘 닦을 수 없다는 점. 그럴 때는 작은 수건으로 내가 손수 닦아야 했다. 진짜 이제 와서 생각하니까 이 넓은 집을 나 혼자 청소했다는 게 믿어지지가 않고 대단스럽다. 그런데 이 일을 여태까지 엄마 혼자 했다니. (…)

묻고. 답하며. 배우는. 경제수업 Q&A

경제체험활동을 해보고자 하는 선생님들이 궁금해할 것 같은 질문을 뽑아 답한다.

Q. 보고서만으로 학생들이 정말 체험을 했는지를 확인할 수 있나요? 아무것도 하지 않고 그냥 보고서만 써낸 것이라면 어떻게 하나요?

A. 정직하게 대답하죠. 확인할 수 없습니다. 다만, 정말로 체험활동을 하지 않으면 글쓰기에 큰 어려움을 겪게 됩니다. 글은 빈약해지고, 좋은 점수를 받을 수 없겠지요. 그러나 크게 염려하지 않으셔도 됩니다. 대부분의 학생들은 이 활동을 진심으로 즐깁니다. 책상을 벗어나 세상으로 나갈 수 있는 이 절호의 기회를 이용하고 싶어 한답니다.

체험 없이 써내는 학생들은 있겠지요. 어쩔 수 없는 일입니다. 하지만, 이건 다른 종류의 과제를 내주어도 늘 마찬가지로 일어날 수 있는 일입니다. 친구의 보고서를 베껴내는 학생도 있습니다. 인터넷에서 독후감을 그대로 다운받아 내는 학생도 있습니다. 이런 일은 늘 일어납니다. 체험활동이라고 해서 진실성 여부를 특별히 더 걱정해야 하는 것은 아니라고 생각합니다. 문제는 동기 유발입니다. 과제를 내줄 때 잘 설득해서 진심으로 해보고 싶어지게 하는 일, 그것이 교사의 일입니다.

Q. 학부형들은 자녀가 돈 1,000원 벌어보겠다고 며칠을 궁리하고 뛰어다니는 모습을 받아들여 줄까요? 별다른 컴플레인은 없었습니까?

A. 맹세코 단 한 차례도 없었습니다. 저는 학부형들이 학교에 대해 적당한 관심과 호의를 가지고 있는, 매우 우호적인 환경에서 근무하고 있습니다. 예. 운이 좋습니다. 하지만 앞으로도 없을 것이라고는 말 못하죠.

먼저, 원칙을 가지고 교육과정에 맞는 교육활동을 전개하고 있다면 학부형의 문제제기를 두려워할 이유는 없다고 생각합니다. 둘째, 앞에서도 말씀드렸다시피 과제를 선택형으로 부과하면 문제제기를 어느 정도는 예방할 수 있습니다. 우리는 언제든 답할 수 있게 되지요. "예. 그것은 자녀분의 선택이었습니다"라고요.

더 중요한 것은 지나친 걱정은 문제를 해결하는 데 도움이 되지 않음을 기억하는 것입니다. 어떤 일을 하든 학부형들은 문제제기를 할 수 있습니다. 문제제기를 제로로 만드는 것이 목표가 되어서는 어떤 일도 저지를 수 없지요. 다만, 제기되는 문제에 지혜롭고도 친절하게 응대하면 될 일입니다. 너무 걱정하지 마셔요. 진심은 통합니다. 학부형들의 문제제기는 대개 불성실과 무능, 불공정함에 대해서입니다.

Q. 요즘은 학생들이 더 바쁘더라고요. 언제쯤을 체험활동 시기로 정하는 것이 좋습니까?

A. 학생들 스스로 그 시기를 결정할 수 있도록 하는 것이 가장 좋겠지요. 이를 위해 충분한 시간을 줍니다. 4주 이상의 여유 기간을 주고 과제를 부과합니다. 아직 생활 관리를 잘 못하는 학생들이 과제를 막판까지 미뤄두지 않도록 수업시간마다 간간히 상기시켜 주면서요. 과제를 걷는 시점은 중간고사나 기말고사를 대비한 공부가 본격적으로 시작되기 전, 그리고 다른 수행평가와 겹치지 않는 시기를 골라준다면 좋겠지요. 제 경우에는 3월초에 과제를 주고 4월 중순 정도를 마감일로 정합니다.

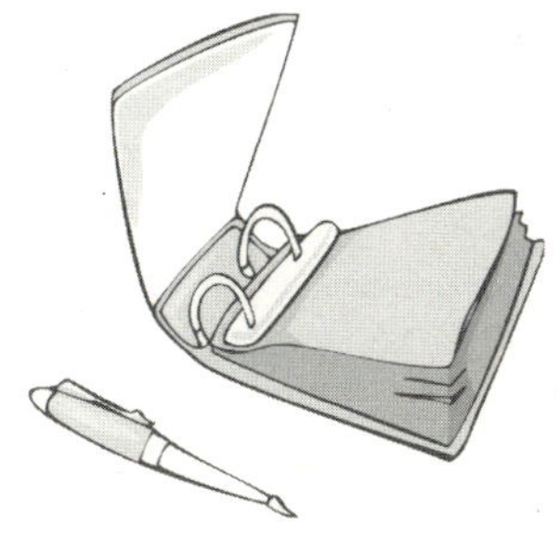

경제체험의 여러 가지 사례를 담은 책들

단 한 권의 책을 읽지 않고도 경제체험활동을 지도하는 것은 가능하다. 책을 떠나 세상으로부터 깨달음을 얻자는 것이 이 활동의 취지인 만큼 지나치게 책에 매달리지 않기를 땅콩 선생은 진심으로 바란다.

이제 소개하는 책들은 선생님과 학생들의 체험을 풍부하게 해주기 위한 양념 같은 것이다. 생각밖으로 많은 사람들이 '경제체험'을 하고 그 체험을 글로 썼다. 그 가운데에는 베스트셀러가 된 책도 많다. 체험을 바탕으로 쓴 글은 확실히 재미있다. 학생들이 낸 체험활동 보고서도 재미있게 읽을 수 있다.

하지만, 여기서 3년 동안 죽어라 안 쓰고 1억을 모은 이야기나, 주식투자해서 돈 번 이야기, 부동산에 투자해서 돈방석에 앉은 이야기는 제외한다. 땅콩 선생은 '신용카드 끊고 살아보기'나 '더럽게(환경친화적으로) 살아보기' '외식 안하고 집밥만 먹기'와 같은 류의 체험을 해보려고 생각하고 있다. 선생님도 학생들과 함께 경제체험을 하면서, 또 아래의 책들을 읽으면서 선생님 나름의 체험을 계획해 보기를 권한다. 이 책들은 모두 읽기가 수월하니 학생들에게 자신 있게 권해도 좋다.

즐거운 불편 후쿠오카 켄세이 지음, 김경인 옮김, 달팽이, 2004

일본 신문기자가 환경친화적인 생활을 실천한 1년의 기록이다. 한 달에 한 편씩 12편의 체험 글이 실려 있고 책의 뒤편에는 환경친화적인 삶을 살아가는 사람들과의 인터뷰가 실려 있다. 앞의 체험글도 재미있지만, 인터뷰는 많은 감동을 준다. 경제체험과 관련하여 딱 한 권의 책만 읽고자 하는 이에게는 이 책을 권한다.

다음은 그가 실천했던 환경 친화적인 삶의 규칙들이다. 즐거운 불편을 실천하기 시작한 1월의 규칙과 마치는 12월의 규칙을 비교해 보면서 시간의 흐름에 따라 규칙의 리스트가 점점 길어지는 것을 보는 것도 재미있다.

1월의 실행중인 불편	12월의 실행중인 불편
· 자전거로 통근하기 · 자동판매기에서 음료수를 사지 않는다. · 외식하지 않기 · 제철채소나 과일이 아닌 것은 먹지 않는다. · 목욕하고 남은 물을 전동 펌프가 아닌 손으로 세탁기에 퍼 담기 · 설거지할 때 뜨거운 물 쓰지 않기(고무장갑 끼기) · 전기청소기를 쓰지 않는다.(카펫이 깔린 아이들 방을 청소할 때만 씀) · 티슈를 쓰지 않는다.(알레르기성 콧물도 손수건 두 장으로 해결!) · 다리미를 쓰지 않는다. · 음식 찌꺼기는 퇴비로 활용한다.	· 자전거 통근 · 제철채소나 과일이 아닌 것, 컵라면, 쇠고기, 돼지고기를 먹지 않는다. · 커피, 홍차를 마시지 않는다. · 된장, 매실장아찌를 집에서 만들어 먹는다. · 자동판매기 물건을 사지 않는다. · 엘리베이터, 이불건조기, 다리미, 무선전화기, 티슈, 샴푸, 린스, 식기용 세제를 쓰지 않는다. · 도시락 갖고 다니기 · 사용한 알루미늄 호일은 씻어서 재활용한다. · 목욕하고 남은 물은 대야로 세탁기에 퍼 담는다. · 목욕은 원칙적으로 격일제 · 식기는 물로 씻는다. · 병, 우유팩, 일회용 접시는 버리지 않고 재활용한다. · 음식물 찌꺼기는 퇴비로 · 열일곱 가지의 채소와 두 가지의 과일을 무농약으로 재배 · 쌀을 무농약으로 자급한다. · 고장이 나면 수리해서 쓴다. · 원칙적으로 잔업을 하지 않는다. · 전기밥솥으로 보온은 하지 않는다.

땅콩 선생의 마음에 쏙 든 규칙은 다리미를 쓰지 않는 것이었다. 가장 난감한 것은? 다 난감하지만, 커피 끊기. 커피 나쁜 것 안다. 건강에도 나쁘고 환경에도 나쁘다. 재배 과정에서 아동 노동 착취도 일어난다. 땅콩 선생은 여전히 커피를 달고 산다. 세상에서 가장 먼 길은 머리에서 손에 이르는 길이라던가? 아는 것과 실천하는 것 사이의 이 엄청난 간극!

소유와의 이별 하이데마리 슈베르머 지음, 장혜경 옮김, 여성신문사, 2002

경제체험활동을 생각하게 된 계기를 마련해 준 책이다. 아무것도 소유하지 않고, 돈이 되는 노동을 하지도 않으면서 문명사회에서 살아가는 것이 가능할까? 이 책의 저자는 그것을 몸소 실험해 보고 싶어 한다. 그리고 1년을 해보니 이렇게 사는 것도 괜찮을 것 같아서 계속 그렇게 살기로 했다. 그리고 그 이야기를 책으로 썼다.

옷장 가득하게 옷이 들어차 있는데도 오늘 아침 당장 출근할 때 입을 만한 옷이 없다고 느끼고, 지난 3년 동안 단 한 번도 입지 않은 옷도 언젠가 필요할 듯해서 버리지 못하고 사는 우리 보통 사람들에게, 이 사람의 도전은 정말 충격적이다. 따라할 수 있을 것 같지는 않지만, 적어도 내가 쓸데없이 많은 짐을 지고 살면서 집이 좁다고 불평을 하고 있는 것은 아닌지 돌아보게 해준다.

나는 왜 루이비통을 불태웠는가 닐 부어맨 지음, 최기철 옮김, 미래의창, 2007

유명 브랜드 마니아였던 저자는 어느 날 브랜드로 둘러싸인 자기 삶에 문제가 있음을 깨닫고 브랜드 제품 없는 삶을 선택하기로 한다. 저자는 브랜드 제품 없는 삶을 시작할 날을 선포한 뒤, '이별'을 준비해 가는 과정과 이별 뒤의 생활을 그리고 있다. 마침내 D데이가 닥치자 가지고 있던 브랜드 제품들을 거리에서 공개적으로 불태운다. 그가 고가의 브랜드 제품을 불태워버리는 장면에서는 책을 읽고 있는 나조차도 아까워했으니 더 말해 무엇 하리. 브랜드 제품 없이 살아가는 일이 돈 없이 살아가기 만큼이나 어려운 일이라는 것도 이 책을 통해 알았다. 우리는 그만큼 브랜드에 둘러싸여 살고 있는 것이다. 특히 저자가 종사하고 있는 잡지 편집일이란 것이 브랜드 제품의 광고를 받아야만 유지될 수 있는 일이란 점을 생각하면 놀라움은 더욱 커진다.

이 책을 읽고 대기업의 브랜드 제품에 대해 문제를 공감하였다면 《NO LOGO》(나오미 클라인 지음, 정현경 외 옮김, 중앙M&B, 2002)를 읽으며 문제의식을 발전시켜 가기를 권한다. 단, 이 책은 《나는 왜 루이비통을 불태웠는가》처럼 쉽게 읽히지는 않는다.

메이드 인 차이나 없이 살아보기 사라 본지오르니 지음, 안진환 옮김, 엘도라도, 2007

어린 자녀들과 교사인 남편과 함께 사는 미국인 저널리스트가 일을 벌였다. 메이드 인 차이나 없이 1년 동안 살아보기로. 미국에서 메이드 인 차이나 없이 사는 것이 무진장 번거로운 일이라는 것을 알았다. 다만, 전 세계를 상대로 종횡무진 경제적 약탈을 하고 있는 미국에서 저가의 제품을 팔아서 경제를 성장시켜 보려는 중국에 대해 그토록 호들갑을 떠는 것은 좀, 아니 많이 '재수 없다'는 것이 땅콩 선생의 평이다. 이 책에서 영감을 얻어 제작된 것이 분명해 보이는 MBC 다큐멘터리 〈메이드 인 차이나 없이 살아보기〉 DVD를 부록으로 제공해 준다. 수업시간에 함께 보기에도 좋다. 다만 50분 분량이 두 편이기 때문에 줄여서 보여주어야 한다. 땅콩 선생은 1편만 수업에 활용하였으며, 이때 사용한 학습지는 이 책 194쪽에 있다.

3 장

내 일자리는
내가 만든다

창업계획

●

왜 창업을 말하는가
창업계획을 세우는 방법
투자설명회, 어떻게 할까
묻고. 답하며. 배우는. 경제수업 Q&A
정보쌈지 창업계획의 여러 사례를 담은 '참고' 서적

왜 창업을 말하는가?

학교에서 내노라 하게 공부 잘하고 장래가 촉망되어 보이는 학생의 꿈이 삼성 같은 대기업에 취직하는 것이거나, 공무원 시험 봐서 '안정적으로' 사는 것일 때 교사는 당황스럽다. 땅콩 선생 역시 '철밥통'이라고 불리는 교사로 살고 있지만, 맹세코 이 직업이 해고의 위험이 없기 때문에 택한 것은 아니었다.(땅콩 선생이 교사가 되려던 시절만 해도 교단은 '해고의 위험'이 매우 높았다. 노동조합에 가입했다는 이유로 정말 많은 교사들의 밥줄이 끊기던 시절이었으니까.) 방학 때문에 택한 것 아니냐고 누군가 반박한다면, 이 대목에서는 살짝 자신이 없기는 하다.

물론 이해한다. 이 아이들이 살고 있는 지금은 구조조정과 고용시장 유연화와 같은 매끈한 말 뒤에서 수없이 많은 사람들이 일자리를 잃어가는 시절이다. 이들에게 '안정'이란 '입신양명'보다도 더 매력적인 단어다. 그래, 이해한다. 그래도 맘에는 들지 않는다. 10대 아닌가! 허황된 꿈을

꾸어도 용서받을 수 있는 나이, 실패해도 다시 시작하기에 충분한 나이, 꿈꿀 권리가 있는 나이. 그런데 그 10대들이 안정을 꿈꾼다. 안정성이 떨어지는 승자 독식의 사회를 만들면서 우리 어른들이 저지른 가장 큰 죄는 미래 세대로부터 꿈을 빼앗은 것이다.

그러면서도 한편으로는 돈을 많이 벌고 싶어 한다. 일단 돈만 많이 벌면 모든 일이 일사천리로 해결될 것이라는 생각을 많이 가지고 있었고, 머니 게임에서 승리하여 돈을 버는 일 역시 어렵지 않을 것이라는 믿음을 가지고 있었다. 그러나 그 믿음은 당연히 별 근거가 없기에 위태로운 것이었으며, 결국 로또 열풍과 똑같이 해석될 수 있다.

땅콩 선생은 서글픈 안정의 욕구와 별다른 노력 없이 큰 돈을 벌고 싶은 무모한 희망에 도전장을 던지고 싶었다. 그래서 창업에 대해 생각해 보았다. 20대 태반이 백수라는 '이태백'의 시절에, 또 취업자의 절반이 비정규직이라는 시절에 안정된 직장에 취직하는 것을 삶의 목표로 삼는 것은 별로 남는 장사가 아니다. 승률이 낮은 게임인 것이다.

학교에서는 취업에 대한 준비만 한다. 학교라는 것이 원래 발생부터가 그런 것 아닌가. 산업혁명이 일어나자 세상은 몇 가지 이유에서 학교를 원하게 되었다. 일단 부모들이 공장에서 일하는 동안 아이들을 지켜주기 위해, 또 기본적인 문해 능력과 수리 능력을 가지고 있어야 공장에서 일을 시키기가 쉽기 때문에, 마지막으로(이게 가장 중요한 이유라고 보는데) 시키면 시키는 대로 일하는 근면하고 성실한 일꾼으로 준비시키기 위해. 그리고 학교는 지금까지 그 임무를 잘 수행하고 있다. 탈산업사회, 정보

혁명을 이야기하는 오늘까지도.

아침 7시 반부터 밤 10시까지 학생들을 학교에 붙잡아 두어서 부모들의 양육의 짐을 덜어주며, 시간 맞춰 등교하고 종소리에 맞춰 생활하고, 규칙을 준수하도록 가르친다.(설사 그 규칙이 비합리적이고 인권 침해 요소로 가득 차 있을지라도 의문을 제기하지 않고.) 그리고 영어와 수학을 잘하는 학생들을 선발하여 그 중 괜찮은 일자리를 제공해준다.

물론 창업도 쉬운 일은 아니다. 특히 유통업에서 독과점화과 급격히 진행되고 있는 현실을 생각한다면 창업은 취업보다 더 어려운 일일 수 있다. 하지만, 여러 가능성 중 하나로 창업에 대해 생각해 보는 시간을 갖는다면, 장차 이 아이들이 미래를 설계할 때 도움이 될 것이다.

학생들과 함께 창업에 도전했다. 땅콩 선생은 '창업계획을 세워 투자설명회 자리에서 발표하는 것' 까지만 하기로 했다. 최근에는 실업계 학교를 중심으로 정말 창업을 하는 사례도 부쩍 늘고 있지만, 정말로 창업을 하는 것은 시간과 노력이 무지하게 많이 들어가는 일이기 때문에 모든 학생들을 대상으로 하는 수업시간에는 적합하지 않다. 진짜 창업체험을 하려면 창업 동아리를 구성해서 실행하면 될 것이다.

이제 땅콩 선생과 학생들은 창업계획을 세우는 모의 창업체험에 돌입할 것이다. 막상 돈을 벌어보려고, 내 사업 한번 해보려고 마음먹으니 보이는 것이 전과 같지 않다!

땅콩 선생은 이 과정을 통해 학생들이 '모든 조건이 똑같은' 경제적 진공 상태에서가 아니라 자기의 삶 속에서 경제 현상을 이해하려고 노력하

게 되기를 바랐으며, 돈 버는 일은 아이디어를 쥐어짜고 시간과 노동, 자
본을 투자해야 가능하다는 것을 배우게 되기를 원했다. 또한 비영리사업
도 창업계획의 대상이 될 수 있으며, 영리를 목적으로 하는 사업일지라
도 구상된 모든 사업은 공동체 구성원들의 삶에 기여하는 바가 있어야
한다는 점을 분명히 함으로써 학생들이 경제적인 영역에서의 의사결정
을 할 때에도 공동체의 일원, 시민으로서의 본분을 기억하도록 전략을
짰다.

효과는? 땅콩 선생이 구상한 전략적 목표들에 얼마나 접근했는지는 정
확히 파악할 수 없지만, 적어도 땅콩 선생과 학생들은 이 수업을 즐거운
경험으로 간직하게 되었다. 학생들의 넘치는 아이디어와 정곡을 찌르는
질문들이 서로를 감동시켰으며, 학생들은 친구들의 새로운 모습, 그리고
자기들이 새롭게 개척한 가능성들에 즐거워했다.

창업계획을 세우는 방법

동기 유발, 하고 싶게 만들자

먼저 학생들에게 이 활동의 의의와 내용, 진행 방법에 대해 설명한다. 이것이 가장 중요하다. 학생들이 충분히 공감하고 약간은 흥분된 상태가 되는 수준까지, 동기 유발에 많은 공을 들이는 것이 좋다. 일단, '하고 싶다'는 마음을 먹게 만들면 그 다음부터는 수월하게 진행된다. 학생들도 더 즐겁게 활동을 진행할 수 있다. 땅콩 선생은 첫해 창업 성공 사례를 제시하였고(서점에 가면 산더미처럼 쌓여 있다.) 이듬해부터는 선배들의 사례를 들려주고 보여주었다.

모둠 구성에도 전략이 필요하다

모둠을 구성한다. 한 학급 내에서 모둠의 수가 짝수가 되도록 구성한다.(6개 혹은 8개 모둠) 한 모둠의 인원은 4명 정도가 적합해 보이지만, 6명까지도 좋다. 이 수를 넘으면 모둠이 만나서 뭔가를 하기도 어렵고, 그러다 보면 무임승차 자가 생겨난다.

먼저 학급 구성원 모두가 모둠장으로 적합하다고 생각하는 학생 3명의 이름을 연기명으로 적어내게 한다. 다수 득표자 순으로 6명을 모둠장으로 지명한다. 모둠장 가운데 가장 적은 득표로 모둠장이 된 사람부터 가장 많은 득표로 모둠장이 된 사람의 순으로 자기 파트너를 지명한다. 모둠장과 파트너가 된 학생들이 칠판을 바라보며 한 줄로 나란히 서면, 그 모둠장과 함께 모둠활동을 하고 싶은 학생들이 그 모둠장 뒤에 줄은 선다.

이때, 칠판에는 모둠 편성의 기본 원칙을 적어 놓는다.

모둠을 어떻게 편성하느냐에 대해서는 교사마다 다른 견해를 가지고 있겠지만, 땅콩 선생은 적어도 수행평가 모둠은 우연적으로 구성되기보다는 치밀한 전략에 따라 구성되어야 한다고 믿으며, 가능하면 이질적인 구성원들이 한 모둠이 되도록 함으로써 의사소통 능력을 향상시키는 기회로 삼아야 한다고 생각한다. 그래서 ②와 ④ 같은 규정이 생겨난 것이며, '드림팀'이나 '죽음의 조'가 나오는 것을 방지하기 위해서 ③과 같은 규정을 둔 것이다. 물론, 이미 우수한 학생들이 모둠장으로 선발된 뒤

이기 때문에 드림팀의 발생 가능성은 매우 낮다. 그래도 곧바로 수행평
가에 들어가지 않고 몇 차례의 수업을 통해 모둠의 수준을 어느 정도 맞
춰주고 수행평가에 들어가야 한다.

학생들은 칠판에 제시된 원칙에 따라 자기들끼리 자율적인 조정을 거쳐
모둠을 편성하고 교사에게 모둠을 등록한다. 모둠 이름을 짓고, 모둠장
이외에 역할을 나누어 맡는다.

라이벌을 찾아라

함께 투자설명회를 할 라이벌 모둠을 정한다. 두 모둠은 한 시간 동안 투
자설명회를 진행하면서 서로 경쟁 관계에 놓이게 될 것이다. 서로 수준
이 비슷한 모둠끼리 라이벌이 되는 편이 득점에도 유리하다는 점을 미리
알려준다.

투자설명회 날짜 정하기

투자설명회 날짜를 정한다. 학급을 6개의 모둠으로 편성했다면 투자설
명회는 총 3차례 열려야 한다. 그러므로 3시간을 배정해야 한다. 주당
3시간 기준으로 꼬박 일주일이 걸린다. 모둠을 편성한 날로부터 최소
2주의 여유 기간을 두고 투자설명회를 개최한다.

동기 유발에서 모둠을 짜고 투자설명회 날짜를 정하는 데까지가 1차시
에 이루어지는 활동이다.

투자설명회 어떻게 준비할까

짬시간 활용

투자설명회를 준비하는 과정은 수업시간을 짬짬이 이용할 수도 있고, 그냥 전적으로 학생들이 알아서 하게 할 수도 있다. 땅콩 선생은 수업시간 짬짬이 시간을 제공한다. 그냥 전적으로 알아서 하게 하면 발표 전날쯤 준비를 시작하는 일도 생겨난다. 전적으로 진도 상황에 따라 결정할 문제지만 짬시간을 제공하지 않는다 하더라도 준비가 잘 되고 있는지는 계속 물어봐 주어야 할 것이다.

교사가 여러 번 확인하면 두 가지 효과가 있다. 하나는 학생들이 잊지 않고 준비하는 데 도움을 준다. 또 하나는 교사가 그것을 중요하게 생각한다는 것을 알게 되고, 그래서 그들도 중요하다고 생각하게 된다. 즉 더 잘 준비한다.

발로 뛰며 모으는 자료가 알짜배기다

세상 모든 일이 마찬가지이겠지만, 창업계획에서는 아이디어와 자료 수집이 특히 중요하다. 학생들에게 도서관에서, 시장과 거리에서 정보를 수집하고, 아이디어 회의를 통해 그 정보를 재배열하는 일의 중요성을 알려준다. 여기서 정말 정말 중요한 것! 인터넷 너무 좋아하지 마라. 정말 돈 되는 정보는 인터넷에 없다. 직접 발로 뛰면서 알아보는 것이 최고다.

그런데 어디를 발로 뛰며 다녀야 하나? 어디든 좋다. 예를 들어보자. 카페 같은 분위기의 셀프 빨래방을 계획했다면, 학생들은 ① 원래 있는 셀프 빨래방을 방문해 볼 수 있다. 주인이나 이용자를 인터뷰하는 것도 좋은 방법이다. ② 따라 하고 싶은 분위기의 카페를 방문한다. 이 카페의 인테리어, 제공되는 서비스, 이용자의 평가 등을 조사한다. ③ 개업하고 싶은 지역을 정하고 그 지역에 대해 알아본다. 인구 수와 인구의 구성, 유동 인구, 주변의 상가 형성 실태 등을 알아본다. ④ 부동산중개업소를 방문하여 매장의 임대료를 알아본다.(인터넷으로 알아볼 수도 있지만, 당연히 이것도 발품을 팔아야 정확한 정보를 얻을 수 있다.)

이 밖에도 책을 통해 얻는 창업 정보도 좋다. 창업에 성공한 사람들이 써 내는 창업 성공기들은 시중에 많이 나와 있을 뿐더러 재미있기도 하다.

도서관	아이디어 회의	시장과 거리
신문, 잡지, 서적, 인터넷 등을 통한 자료 조사	브레인 스토밍 브레인 라이팅 브레인 워킹 아이디어 키우기 Mandalart	발로 뛰며 조사

'만달아트'를 활용한 아이디어 회의

학생들은 회의에 익숙하지 않다. 더구나 아이디어 회의는 생소하다. 좋은 아이디어는 무작정 앉아서 긴 시간 이야기한다고 떠오르는 것이 아니다. 적절한 아이디어 생산 도구의 도움을 받으면 좋다. 땅콩 선생이 창업 계획에서 선호하는 아이디어 생산 도구는 만달아트Mandart이다. 만달아트란 3×3의 9칸의 한가운데에 중심 아이디어를 적고 관련된 파생 아이디어를 그 주위 8칸에 적는 것이다. 다음과 같이 A~H까지 여덟 개의 아이디어를 적는다. 그런데, 그 중에 C가 가장 마음에 들었다. 그러면 C 를 다시 중심 아이디어로 두고 8개의 아이디어를 주변에 적는 방식이다.

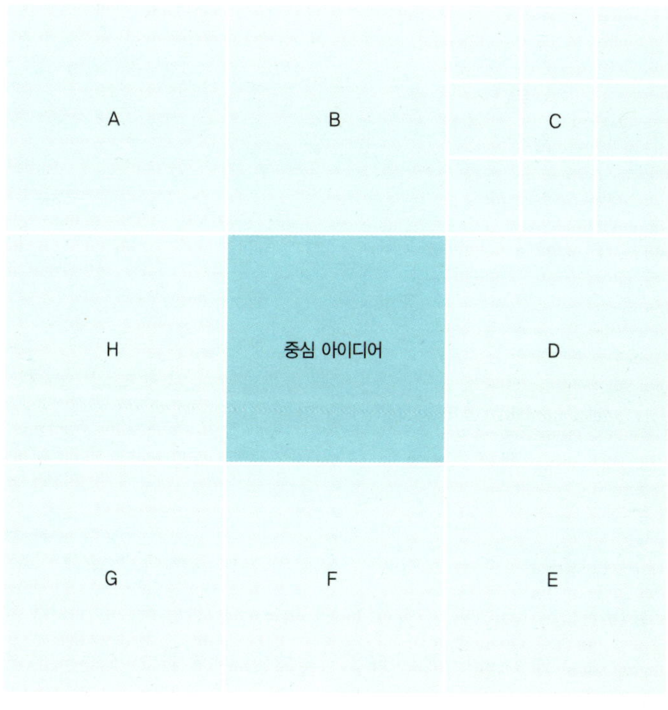

땅콩 선생은 만달아트를 이용해 다음과 같이 아이디어를 얻기도 했다.

깻잎무침 개고기 햄버거	고기 – 개고기	선물용 개고기 햄버거
샐러드 – 한국형으로	햄버거	포장 – 선물용 포장
햄버거, 샐러드 풀셋트	크기 – 아주, 아주, 크게	대형 생일 케이크 햄버거

이 방법이 좋은 이유는 강제로 8칸을 채워나가는 과정에서 의외의 아이디어와 만날 수 있으며 그 아이디어를 다시 발전시켜 나갈 수 있다는 것이다. 땅콩 선생은 이 방법에 매우 익숙하기 때문에 개고기와 한국형 샐러드를 적었다면 그 가운데 칸에는 깻잎무침 개고기 햄버거와 같이 양쪽의 아이디어를 모으는 방식으로 아이디어를 발전시켜 나갔다. 하지만 이 방법에 익숙해지기 전에는 생각나는 대로 8칸을 채워 넣는다.

창업계획서 작성과 투자설명회 준비

학생들은 다음과 같은 항목에 답해 가며 창업계획을 완성한다. 학생들은 마음대로 티셔츠를 만들어 입을 수 있는 옷가게, 특별히 양을 많이 주는 라면가게, 손님들에게 모임 공간을 제공하는 카페, 여러 가지 과자가 섞여서 나오는 자동판매기와 같이 재미있는 아이디어를 쏟아 놓는다.

창업계획이 세워졌으면 이제는 투자설명회를 준비해야 한다. 창업이 성공하려면 투자설명회에서 투자자의 투자자금을 많이 끌어 모아야 한다는 설정이 있기 때문에 '투자자의 지갑을 열 수 있는 설명' 을 준비해야 하는 것이다.

창업 계획 활동지

모둠이름		모 둠 원	
핵심 아이디어			

1. 상호는?

2. 구체적인 사업 내용은?

3. 홍보 전략은?

4. 비장의 판매 전략은?

5. 예산 계획은?

6.우리는 어떻게 사회에 기여할 것인가?

티셔츠를 만들어 입을 수 있는 옷가게를 계획한 학생들은 간단한 광고를 준비했으며, 라면가게는 수업시간에 직접 라면을 끓여 투자자들에게 시식하게 하여 눈길을 끌었다. 모임 공간을 제공하는 카페에서는 모일 공간이 없어서 난감해하는 학생들의 처지를 간단한 역할극으로 보여주었고, 여러 가지 과자가 섞여 나오는 자동판매기를 생각해낸 아이들은 커다란 종이 박스를 가지고 직접 자동판매기를 만들었다. 그 엉성한 기계에서 정말 새우깡과 양파링이 섞인 과자 봉지가 나오자 탄성을 지르는 아이들. 발표 끝나고 모둠원들이 인사를 하는데 보니까 학생 한 명이 이 상자에서 튀어나온다. 정말 기발하다.

학생들은 발표 하루 전까지 학급 친구들에게 나누어 줄 인쇄물 원안을 양식대로 만들어 교사에게 검사를 받아야 하며, 교사는 이것을 인쇄실에 맡긴다. 그런데 이 '하루 전에 사전 검사를 받는다'는 규정이 잘 지켜지지 않아서 애를 먹었다. 그러다 아주 간단한 방법으로 문제를 해결했다. 평가 항목에 "발표 전날 점심시간이 종료되기 전까지 발표 자료를 제출하였나? (1점)" 하고 써 넣은 것이다.(땅콩 선생은 능력이 닿는 한 체크리스트 방식으로 평가 기준을 준비한다. 학생들이 그 체크리스트를 그대로 따라가다 보면 만점을 받게 되기 때문에 학생들에게 친절한 방식이기 때문이다. 하지만, 좋은 체크리스트를 만드는 것은 정말 어렵다.)

이것은 학생들이 발표 당일, 수행평가에 들어가기 직전에 '준비 못했어요' 하는 일이 일어나는 것을 방지하기 위해서이다. 평가의 형식상 한 모둠이 준비를 안 해오면 다른 모둠도 발표를 하기 어렵기 때문에 학생들

이 제시간에 준비를 마칠 수 있도록 교사가 적절히 지도하는 일이 필요
하다.

아이들이 준비한 투자설명회 프리젠테이션 자료

Design ★ In cafe

당신이 원하는 디자인은 무엇 입니까?

Design In cafe

Design in cafe란?

자신이 원하는 디자인의 옷을 직접
디자인하여 입을 수 있도록 서비스
를 제공하는 카페입니다. 카페의 안
을 둘러보고, 간단한 갈색 등을 먹면서
는 계획을 세우고 있습니다.

Design in Cafe 만의 공비 진략☆

★★★인테리어 : 280만원

네모탁자 3개 +의자-20만원
ㄴ형탁자 1개 +의자-30만원
벽지, 바닥 : 30만원
시계, 그림 : 10만원
주방용품 : 40만원
부엌인테리어 : 150만원
총 280만원

★★★기계용품 : 210만원

재봉틀 1개 : 20만원
핫픽스, 비즈, 스팽글 :
10묶음씩 : 6만원
와펜,레이스(기본)-4만원
프린터기,전사지 : 30만원
(프린터기-20만원
전사용지100장-10만원)
컴퓨터 중고-150만원
프레스기계 1대-150만원
총 360만원

★★★인건비

디자인과 학생들 : 4명
옷을만드는사람 : 4명
옷제작하는사람 : 2명
아르바이트 시급 3000원,
5시간씩 총 8명-->12만원
----->한 달에 360만원
옷제작하는사람 한달 월급 200만원
----->2명, 400만원
총----한 달에760만원

★★★권리금 : 1000만원
★★★보증금 : 5000만원
★★★임대료 : 한 달에 150만원

*이익 : 하루 50명 온다고 가정,
한 사람이 적어도 12000원씩 쓴
다고 가정하에
50*12000*30=1800만원

한달 순이익

-> 1800-(760+150+25)
한달 총 865만원

+ Drinks +

-coffee-

녹차라떼-3500   카페 비엔-3500
초루시노-3500   카페 로우-3500
카라멜마키아또-4000 더시럽카페 모카-4000
화이트초카렛을 비엔-3000

-Ade-

레몬에이드-3000
바닐라에이드-3000
파인애플에이드-3000
오렌지에이드-3000
커피에이드-3000

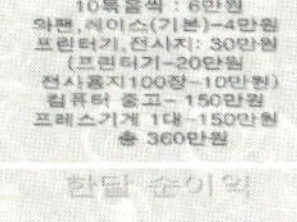

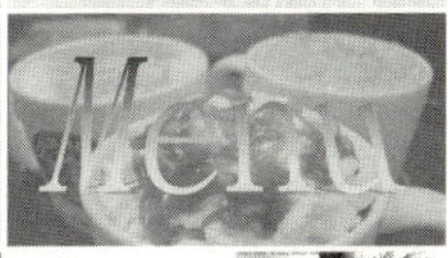

죄송합니다!

T셔츠 모양을 직접 제작 할 시에는
비용이 추가 될 수 있습니다.
기본티 색깔 검정색,하얀색,회색을 제외 하고는
추가비용 500원받습니다.
카페만이용하실 손님은 3시간
디자인도 함께 이용하시는 손님은 4시간을 초과하시면
추가비용 한분 앞에 1000원씩 을 받습니다.

Design In Cafe 만의 차별화 전략★

★디자인과 일반카페를 접목시킨 Store in Store 형식의 Cafe.

★세상에 하나 뿐인 나의 개성을 살린 티셔츠를 만들 수 있다는 장점!

★재료값을 최소화 하여 고객들에게 최저의 가격을 제공!

★ 한국의 전통 느낌을 살려 직접 제작할 수 있게해
외국인들을 위한 기념품용!

★커플T 제작 아이템을 통해 남성고객도 유치!

신촌전철역~연대사이,
던킨과 폭폭이스 가 GS 25를 마주보고 있습니다.
신촌문고와 현대백화점사이의 길에서 나오는 인구와 신촌역에서 연대로 가는 인구가 합쳐져서
거리를 지나가게 되어 큰 장점이 될것임.

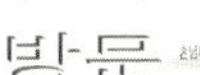

손님께서 다시 직접 제작 때문에 방문하실 경우
1~2일간에 찾아 가실 수 있습니다.

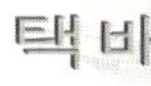

택배일경우 가격은 2500원입니다.
3~4일정도 소요됩니다.

투자설명회, 어떻게 할까

수업 전 준비

당일 발표를 하는 학생들은 발표 준비를 하고 나머지 학생들은 좌석 배치를 한다. 이것도 잘 안 되곤 했는데, 간단히 해결했다. 평가 체크리스트에 "교사가 입실하기 전에 발표 준비를 모두 마치고 대기하였나? (1점)"를 넣은 것이다.

좌석 배치는 다음과 같이 한다.

교사는 다음과 같은 것들을 준비하여 입실한다. 종치기 2분 전쯤 교무실을 출발하는 것이 좋다. 투자설명회는 시간을 많이 잡아먹는다.

· 투자설명회 자료(전날 발표자들이 가져온 것) =〉학생 모두에게 배부

· 학생용 평가지 =〉투자자들(발표를 하지 않는 학생들)에게 배부

· 교사용 평가지 : 교사 혼자만 갖고 있으면 된다.

· 시계 혹은 핸드폰 : 그냥 교실에 들어가서 "오늘의 Time Keeper 할 사람!" 하기

만 해도 된다. 서로 하고 싶어 한다. 땅콩 선생은 전에 마라톤 연습할 때 사용하던 스톱워치가 있어서 그걸 사용한다. 가지고 가서 타임 키퍼 할 사람의 목에 걸어주면 되게 좋아한다. 왜? 폼 나잖아! 주방용 타이머도 좋다.

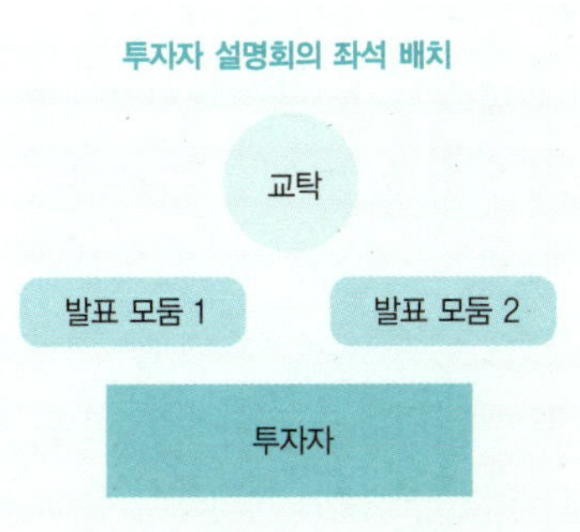

· 카메라 혹은 캠코더 : 분명히 찍어두고 싶은 명장면들이 나온다. 직접 찍어도 되고 역시 오늘의 찍사를 정해 찍으라고 해도 된다. 땅콩 선생은 후자를 좋아한다. 왜? 편하니까!

투자설명회

투자설명회는 다음과 같이 진행된다.

① 갑모둠 발표(3~5분)

② 을모둠 발표(3~5분)

③ 갑모둠과 을모둠의 상호 질의응답(10분)

④ 청중들의 질문과 발표자의 답변(시간이 허락하는 한 많이)

⑤ 평가서 정리 및 교사의 평(마무리 3분)

먼저 갑모둠과 을모둠이 교대로 창업 아이디어를 소개한다. 땅콩 선생은 발표를 최소로 하기를 권하는 편이다. 그래서 3분 권장, 5분 제한을 둔다. 시간이 부족하다고 아이들은 아우성을 친다. 누구에게나 시간은 제한되어 있고 누구도 하고 싶은 말 다 하면서 살아갈 수는 없다고, 핵심만을 전달하라고 학생들에게 답한다.

아무리 길어도 7분 이상은 곤란하다. 교실 발표수업에서 벌어지는 가장 흔한 실수는 발표에 기운을 너무 많이 빼는 것이다. 발표에서 A~Z까지 모든 것을 해결하려고 하면 준비하는 학생들도 힘들고 보는 학생들도 힘들다. 학생들이 10분 이상의 발표를 계속 적정한 긴장을 유지하면서 해내기는 정말 어려운 일이다. 그러니 발표는 짧게! 그렇다면 여태껏 준비한 그 자료들은 다 어쩌고?

중요한 것은 질의응답이다. 준비된 원고대로 읽는 것으로는 준비 상태를 정확하게 점검할 수 없다. 질의응답 과정을 보면 준비 정도가 정확하게 드러난다. 먼저 갑모둠과 을모둠이 10분에 걸쳐 질의응답을 한다. 먼저 질문할 모둠을 정해 주기만 하면 교사는 특별히 개입할 필요가 없다. 여기서의 평가는 갑모둠과 을모둠이 10분의 질의응답 시간을 의미 있게 채워나가느냐이다. 단, 이야기가 끊겨서 스스로 회복을 못하는 경우, 논의가 뱅뱅 돌면서 반복되는 경우에는 교사가 개입한다.

지금까지 해도 겨우 20분이 지났을 뿐이다. 고등학교 수업을 기준으로 하면 아직도 30분이나 남았다. 이 시간은 투자자가 발표 모둠에게 질문하는 시간이다. 투자자가 질문하면 발표 모둠이 응답한다. 질문 순서는 교사가 정해 준다. 시간이 남는데 질문이 없는 경우는 별로 보지 못했다. 아이들이 정말 질문을 할까? 한다. 질문할 때마다 1점씩 주니까.(상한이 있는 점수이다. 예를 들어 상한이 5점이면, 일단 5점을 채우면 아무리 많이 질문해도 계속 5점이다.)

발표자들이 가장 두려워하는 것은 바로 투자자들의 질문이다. 급우들이 언제 어떤 질문을 던질지 모르는 상황은 발표자들을 긴장시킨다. 그리고 그 적절한 긴장이 수업 전체를 역동적으로 만들어 주는 동력이 된다. 땅콩 선생은 지적하고 싶은 것이나 의견을 제시하고 싶을 때 이 질의응답 시간의 끝부분을 이용해 질문한다. 단정적으로 평가를 하는 것보다 질문을 던지는 것이 학생들의 생각을 더 깊게 만들어 준다.

전체 질의응답 시간이 끝나면 잠시 시간을 두고 투자자들이 발표 모둠에 대한 평가서를 쓰게 한다. 평가서를 미리 나누어 주었기 때문에 학생들은 이미 평가서를 작성한 상태이다. 최종적으로 얼마를 어느 모둠에 투자할지를 정해서 평가서에 적어야 한다. 이때 투자 금액은 100만원 정도로 교사가 미리 정해두는 것이 좋다. 학생들은 한 모둠에 100만원을 모두 몰아줄 수도 있고, 20만원 : 80만원과 같은 방식으로 나누어 줄 수도 있다. 둘 다 마음에 들지 않으면 한 푼도 투자하지 않아도 된다.

땅콩 선생은 이 투자액을 합산해서 점수에 반영한다. 더 많은 투자금을 유치한 모둠의 발표 점수에 +1을 해주는 것이다. 이것은 교사가 준 점수에 +를 해주는 개념이기 때문에 해당 모둠이 만점을 받았다면 점수는 더 이상 올라가지 않는다. 전에는 평가 체크리스트 항목 가운데 "상대 모둠보다 더 많은 투자금을 모았나? (1점)"라는 항목을 두었다. 그러나 이 경우 두 모둠 모두 아주 우수한 발표를 했더라도 한 모둠은 필연적으로 1점을 감점당하기 때문에 불합리하다는 판단을 했다. 그래서 바꾼 것이 지금 방식이다. 예를 들면 20점 만점의 발표 점수에 갑모둠이 19점, 을모둠이 18점을 받았는데, 갑모둠이 더 많은 투자금을 모았다면 갑모둠의 점수는 20점이 된다. 하지만 갑모둠이 20점이었다면 투자금을 더 모았어도 여전히 20점이다. 그러니까 투자자들의 반응은 +요인은 될지언정 만점을 받지 못하게 하는 요인은 되지 못하는 것이다.

MIX COOKIE - 여러 가지 과자를 섞어서 먹을 수 있는 자판기

여러분 혹시 이런 경험 있지 않으세요? A과자를 먹으면 B과자를 먹고 싶고, B과자를 먹고 있으면 C과자가 먹고 싶고……. 또, 과자를 살 때, A, B, C 중 어떤 과자를 살지 고민한 적도 있을 것입니다.

저희 'MIRACLE'이 이런 여러분의 고민을 해결해 드리겠습니다.

이름하여 'MIX COOKIE'. 여러 가지 과자를 먹고 싶은 만큼 담아서 먹을 수 있는 자판기입니다. LG25에 있는 음료수 자판기와 흡사하다고 할 수 있죠. LG25의 음료수 자판기의 경우 여러 가지 음료수를 섞으면 서로 섞여 맛이 변할 수가 있습니다. 하지만 저희 자판기는 섞여서 맛이 변하는 경우도 없고 이것저것 여러 과자를 다 먹어볼 수 있다는 장점을 가지고 있습니다.

하나의 자판기에 6가지의 과자가 있습니다. 그 중에서 먹고 싶은 과자의 버튼을 눌러 자기가 먹을 만큼의 양을 조절합니다. 자판기 오른쪽에는 %가 나와 있어 자기가 담을 수 있는 총량 중에 얼마나 담았는지를 알 수 있습니다.

이 과자 자판기는 봉지과자보다 첫째, 개봉하는 소리가 없습니다. 봉지과자를 뜯을 때 '뻥~' 소리가 나서 민망했던 적이 있으실 겁니다. 또 과자를 뜯다가 갑자기 뜯어져 과자가 쏟아지는 경우도 있습니다. 저희 과자 자판기는 이런 불편한 점을 해결하였습니다.

둘째, 쓰레기를 줄일 수 있습니다. 봉지과자는 비닐로 되어 있지만 저희 자판기에서 나오는 컵은 종이로 만들어 재활용이 가능합니다.

셋째, 부피를 줄여 더 많은 과자를 드실 수 있습니다. 봉지과자는 과자가 부서지는 것을 방지하기 위해 공기를 넣어 포장을 합니다. 따라서 과자의 양에 공기의 무게까지 더해져 겉에서 볼 땐 과자가 많이 들어 있는 것처럼 보이지만 실제로 그렇지 않습니다. 하지만 저희 제품은 과자가 부서지지 않도록 공기를 주입시킬 필요가 없습니다. 따라서 같은 g이라도 과자를 하나 더 먹을 수 있습니다.

넷째, 여러 가지 과자를 한꺼번에 먹을 수 있습니다. 이것이 저희 제품의 가장 큰 장점이라고 할 수 있습니다.

저희 제품을 설치할 주 장소는 영화관과 연극 공연장 등입니다. 영화관은 음식물 반입이 허용되는 곳으로 많은 사람들이 이용하여 관객의 1/3 이상이 팝콘 등의 스낵을 먹으며 관람을 합니다. 영화관의 매점 옆에 이 자판기를 설치하면 많은 사람들이 이용할 것이라고 생각합니다.

그리고 타깃은 나이 제한 없이 남녀노소 누구나 사용 가능합니다. 그 중 주 타깃은 여가 활동이 많으며 스낵 종류를 많이 먹는 10대 후반에서 20대 초반까지라고 할 수 있습니다. 입지 장소 중 영화관의 한 예로 구로 CGV를 답사해 보았습니다.

그곳은 백화점과 같이 있어 사람들이 많이 오가며 주말에는 1시간에 100명 이상의 사람들이 찾는 곳입니다. 이 영화관의 매점에서 파는 스낵에는 팝콘, 핫도그, 오징어, 나쵸, 스니커즈 등이 있습니다. 이 스낵들의 가격은 팝콘은 크기별로 3,500원, 2,500원, 1,500원이고, 다른 스낵 종류의 과자는 2,500원, 1,500원 등으로 1,000원 이상의 가격으로 판매되고 있습니다. 저희 자판기는 그보다 싼 가격에 과자를 드실 수 있습니다. 보통 봉지과자의 양과 가격을 고려하여 크기별로 70g에 600원, 95g에 800원, 120g에 1,000원에 드실 수 있습니다. 팝콘이나 어떤 과자 같은 경우 먹고 나면 손에 기름이 묻어 곤란해질 때가 있습니다. 이를 대비해 컵 밑에 조그만 물티슈를 부착하여 먹고 나서 손을 닦을 수 있도록 하였습니다.

여러분! 'MIX COOKIE'는 당신을 실망시키지 않을 것입니다. 후회 없는 선택하시길 바랍니다. 'MIRACLE'이 또 하나의 기적을 여러분께 보여드리겠습니다.

투자설명회 학생 소감

● 이번 사회 발표는 저번 토론보다 무겁지 않았던 것 같다. 처음으로 창업이라는 것을 해 보았는데, 생각보다 어려웠다. 남들과는 다른 기발한 아이디어가 아니면 살아남기 힘든 요즘 세상에 창업이란 정말 힘든 일이다. 장소를 선택하는 데부터 어려움이 있었다. 우리 과자자판기 입지로 영화관과 연극공연장으로 정하고 HJ와 가까운 영화관인 구로 CGV10을 답사했다. 그리고 과자자판기가 있으면 좋은 장소를 사진 찍었더니 갑자기 CGV 직원이 우리에게 다가오는 것이었다. 사진기를 빼앗길까봐 무서웠는데, 다행히 빼앗기지는 않고 찍으면 안 된다고 말을 하고 갔다. 하지만 사진 두 장을 건졌다.

또, 여러 자판기의 사진도 찍었다.

이번 창업 발표에서 제일 아쉽고 후회되는 것이 발표였다. 발표 계획은 철저히 세워 자판기 모형도 만들고 차트도 만들어 열심히 했는데 마음대로 되지 않았다. 발표할 때 왜 이렇게 떨리는 건지 발표 대본을 잘못 읽어 실수하고 말도 더듬고 정말 속상했다. 과자자판기 모형도 말썽이었다. 생각대로 그렇게 매끄럽게 진행하지 못하고 많이 산만했다. 질문에 제대로 답하지도 못해서 속상하다. 준비한 만큼 많이 보여주지 못해서 아쉬웠다. 처음으로 해보는 창업, 아쉬움을 많이 남기고 끝냈다.

만약에 내가 나중에 창업을 하게 된다면 이번에 했던 어설픈 창업 발표가 생각에 많이 남을 것이다. 하지만 나름대로 이번 발표에 최선을 다했고, 하면서 많이 재미있었다. 그걸로 뿌듯하고 행복하다. MIRACLE. 우리 조 이름처럼 기적을 보여줬다고 생각한다.

— 구일고 1학년 LSH

● 믹스 쿠키라는 새로운 창업 아이템이 법적으로나 위생적으로나 가능할지는 확실히 모르겠다. 하지만 부업으로도 가능한 일이라 해볼 만한 사업이라 생각했다. 진짜 모형물을 만들어 보지 못했다는 것이 제일 아쉬운 점이었고, 사람들 반응 또한 매우 궁금했다. 처음 해본 창업치고는 매우 규모가 됐다고 생각하고 다음 번엔 소자본으로 많은 이득을 얻을 수 있는 창업을 구상해 봐야겠다.

— 구일고 1학년 KYR

● 사실 창업을 주제로 한 발표라 해서 걱정을 많이 했었다. 창업이라 해서 막막하고 뭘 해야 독특하고 창의적인 창업을 할 수 있을까 생각하다가 문득 과자자판기가 떠올랐다. 평소에 과자를 자주 사먹는 편인데 이 과자 저 과자 사이에서 고민을 많이 했기 때문이다. 조원 여러 명이 협동해서 자판기를 만들기로 했고, 만드는 과정이 쉽지는 않았지만 LG25의 자판기를 토대로 정말 열심히 만들었다. 자판기를 모형으로 만들어 발표한 형식이 독특했는지, 또 과자자판기에 공감을 했는지 많은 지지를 얻었다.(그만큼 많은 투자 금액을 받아냈다는 것) 색다른 작업이라 즐거웠고, 발표 후 많이 뿌듯했다.(잘한 것 같아서) 앞으로도 후배들은 어떤 독특한 창업을 내놓을지 궁금해진다. 즐거웠고, 새롭고도 독특한 경험이었다.

— 구일고 1학년 KHJ

창업계획 발표에 대한 개인별 평가 기록지

(발표일 : 200 년   월   일   요일   교시)

	첫 번째 발표 모둠	두 번째 발표 모둠
주요 발표 내용		
질문 사항		
잘한 점		
개선할 점		
나의 투자액		
투자 이유		
오늘의 수훈상		

묻고. 답하며. 배우는. 경제수업 Q&A

Q. 창업계획을 수립할 때 자본금에 제한을 두나요?

A. 예. 해당 시기 물가를 감안하여 자본금을 정합니다. 액수는 가급적 적은 액수로 합니다. 큰 자본을 가지고 창업을 하는 기회를 갖는 운 좋은 사람은 많지 않습니다. 창업을 하는 대다수는 없는 돈을 쪼개고 쪼개어 창업을 하게 되지요. 그리고 자본이 크면 아이디어를 내고 말고도 없습니다. 그냥 일을 벌이면 되지요. 현실적인 면에서도, 아이디어를 촉진하는 측면에서도 소액 창업으로 한정짓는 편이 좋습니다.

처음 이 수업을 시작할 때는 이 점에 대해서 미처 생각하지 못했기 때문에 자본금에 제한을 두지 않았습니다. 그랬더니 섬을 하나 사서 골프장이 있는 리조트 만들기 같은 계획을 세우더라고요. 섬 하나를 리조트로 만드는 계획은 학생들이 감당할 수 있는 수준이 아니지요.

Q. 창업하는 장소를 한정합니까?

A. 예. 학교주변, 즉 학생들의 생활공간과 학생들이 잘 놀러 나가는 곳(구일고의 경우는 신림 사거리) 몇 고데로 한정하여 정해두는 편이 좋습니다. 그래야 발표를 듣는 학생이나 지도하는 교사 모두가 판단의 근거가 생깁니다. 이 경우에도 어려워야 아이디어가 나온다는 신념이 반영된 것입니다. 명동의 요지에서 커피 전문점을 하면 장사가 잘된다는 것이야 누군들 모르겠어요? 하지만 그렇게 똑떨어지는 곳에서 창업할 수 있는 운 좋은 경우도 많지 않겠지요?

Q. 창업에 대해 잘 모르는 교사도 지도할 수 있습니까?

A. 땅콩 선생도 평생 학교와 집만 왔다갔다하며 살아왔답니다. 그래도 가능하더라구요. 소비자로 살아온 세월이 있으니까요. 일단 창업계획 발표수업을 계획하면 전에는 보이지 않던 것들이 눈에 들어옵니다. 외식을 하러 가도, 옷을 사러 가도 전과는 다른 것들을 보게 되지요. 선생님의 관심이 더 커졌다면 관련 책을 읽어보는 것도 좋겠지요.

창업계획의 여러 사례를 담은 '참고' 서적

여기서 소개하는 책들은 그야말로 '참고' 서적이다. 창업에 관한 책은 재테크, 자기계발과 함께 대형 서점의 한 코너를 차지하고 있다. 정말 많은 책이 있다. 아무 책이나 만만해 보이는 책, 재미있어 보이는 책을 몇 권 읽어보면 된다. 우리는 창업을 하려는 것이 아니라 수업 준비를 하려는 것이니까 학생들이 놓치는 부분을 짚어줄 때 활용할 수 있는 사례가 풍부한 책을 고르기를 권한다.

패션 쇼핑몰의 젊은 영웅들 이은성 외, e비즈북스, 2006

온라인 패션 쇼핑몰은 학생들에게 매우 인기 있는 아이템이다. 이 책은 현재 온라인에서 뜨는 패션 쇼핑몰들을 소개하면서 성공 비결을 분석하고 있다. 서점에 가면 유사한 책들이 무시무시하게 많지만, 이 책에는 다양한 사례가 제공되고 있어서 땅콩 선생의 눈길을 끌었다. 현재 2권까지 나와 있다. 저가 쇼핑몰, 명품 쇼핑몰, 개인 브랜드 쇼핑몰, 수입의류 쇼핑몰, 남성의류 쇼핑몰 등 패션 쇼핑몰도 정말 가지가지라는 것을 알 수 있다. 그에 따라 판매 전략도 달라진다. 여기서 말하고자 하는 핵심은 자기만의 컨셉을 분명히 하라는 것과 그냥 옷을 파는 것이 아니라 이미지 혹은 스토리를 팔아야 한다는 것.

"명 사장은 고객에게 즐거움을 선사하기 위해 기꺼이 자신의 사생활도 공개한다. 캔디팝을 방문해 보면 그녀가 진행하는 'Buzzii Diary'라는 게시판이 눈에 띈다. 그녀의 여행기와 사생활에 대한 이야기가 흥미롭게 펼쳐져 있다."(141쪽)

"그녀가 고객으로 접촉하는 사람들은 상품의 특성상 고가의 의류를 구입할 능력이 되는, 삼사십대 전문직 여성이다. 삼사십대의 상위 클래스 고객들의 취향은 까다롭다. 이들은 사회적인 지위와 품위 유지를 위해 기꺼이 지갑을 열 준비가 되어 있는 대신 확실한 취향을 갖고 있다. 대중적이지 않은, 단 한 사람만을 위한 옷을 요구하는 것이다. 하나를 사더라도 제값 주고 제대로 된 옷을 사겠다는 것."(165쪽)

유감스러운 점은 책의 분량에 비해 책값이 비싸다는 것. 쬐끄만 책이 12,500원이다.

45일만에 김과장 사장 만들기 이강원, 이민재 지음, 청림출판, 2004

이 책은 두 장으로 구성되어 있다. 첫 장에서는 창업 준비 과정을 순서대로 보여주고 있다. 창업계획을 수업에 활용하고자 하는 교사에게 큰 도움을 준다. 이 순서대로 준비하면 된다는 것만 학생들에게 알려줘도 그게 어딘가. 무엇부터 시작해야 하는지도 알 수 있고, 우리가 준비하면서 무엇을 빼먹었는지도 확인할 수 있다.

도전! 하고 싶은 일로 돈 벌기 프로젝트 K.M.P 지음, 김현숙 옮김, 북 폴리오, 2004

회사에서 그래픽 디자인 일을 하다가 "재미있는 일을 하자, 그리고 가능하면 그걸로 돈을 벌자"는 생각으로 회사를 그만둔 사람에게 어떤 일이 일어날까? 수제품 잡화, 일러스트, 선물용 판화, 카드 등을 만들어 팔기도 하고 여행서와 그림책을 쓰고 그리기도 하며 흥미진진하게, 그러나 근근히(생각보다 돈 벌이는 잘 안된다.) 살아가는 이야기가 펼쳐진다. 땅콩 선생의 숨겨진 욕구를 대리 충족시켜 주는 책이었다. 이건 만화책이다. 부록으로 '하고 싶은 일로 인생의 승부를 거는 한국의 젊은이들'의 이야기가 실려 있어서 더욱 흥미롭다.

교사가 읽어도 좋지만 학생들에게도 추천해 주고 싶다. 땅콩 선생은 '안정적이라서' 선생님이 되고 싶다는 아이들, '월급이 많아서' 대기업에 취직하고 싶어 하는 아이들에게 어디에 취직할까보다는 어떤 일을 하고 싶은가를 먼저 묻고 인생 계획을 세워야 한다는 메시지를 전해주고 싶었다. 그럴 때 이 책을 권한다.

4 장

시장이 아니라
시민이 결정한다

쟁점토론

경제에도 토론이 필요하다
이유도 목적도 알 수 없는 토론은 이제 그만
성공적인 토론을 위한 수업 준비법
묻고. 답하며. 배우는. 경제수업 Q&A
정보쌈지 토론수업에 도움을 줄 만한 책들

경제에도 토론이 필요하다

심장 이식도 할 수 있고, 인공 장기도 가능할 정도로 의학이 발달한 이 시대에도 여전히 여자들은 생리통으로 고통 받는다. 심장보다도 더 복잡하고 어려운 것이 여성의 생리인가보다, 하고 땅콩 선생은 막연히 생각해 왔다. '오, 오묘한 생명의 섭리여!' 라는 생각과 함께 여성으로서의 자부심을 살짝 느꼈다는 것을 고백한다.

어느 날 그 자부심에 일대 균열을 일으키는 정보를 접하게 되었다. 새로운 생명을 키워내는 여성 인체가 그만큼 신비로운 것은 인정하지만, 그렇다고 해서 그 신비에 생리통이 필수적으로 덧붙여질 필요는 없다고 한다. 심장 이식은 돈이 되기 때문에 끊임없이 그 기술을 개발하고 있지만, 생리통은 돈이 되지 않기 때문에 의학의 관심이 소홀할 뿐이라는 것이다. 또 어떤 분야를 연구하고 기술을 개발할 것인가를 선택하는 과정에서 작용하는 권력이 상대적으로 적은 여성들의 문제이기 때문이라고 한다. 앗, 땅콩 선생이 매달 겪고 있으며, 해결 방법을 찾을 수 없는 생리통의 정체는 그가 우리 사회에서 정치적, 경제적으로 마이너리티라는 증거인 것이다.

순수하게 전문적인 영역이어서 중립적일 것이라고 믿어왔던 분야에 정치와 경제가 강력하게 작용한다는 것을 알게 된 땅콩 선생은 우리 사회의 여러 분야로 의심의 눈초리를 보내 보았다. 그리고 깨달은 것은 순수하게 전문적이고, 그래서 중립적인 영역이란 없다는 것이다. 이것은 경제의 영역에도 당연히 적용된다.

순수하게 전문적이고 중립적인 영역에서는 토론이 필요 없다. 오직 참과 거짓이 존재할 뿐이며, 사람들은 그것이 참인지 거짓인지를 밝혀내기만 하면 된다. 하지만, 우리 삶의 세계에서는 순수한 참도, 순수한 거짓도 존재하지 않는다. 우리가 하는 순간 순간의 선택이 어떤 현상과 결과를 만들어낼 뿐이다. 이런 영역에서는 입장의 차이라는 것이 존재하고, 입장의 차이가 있는 곳에는 토론이 필요하다.

경제수업에도 토론이 필요하다. 경제라서 더 필요하다. 근대 이후 우리 사회에 나타난 가장 중요한 특징 가운데 하나는 전문적인 영역을 자꾸만 나누는 경향이다. "약은 약사에게 진료는 의사에게"라는 믿음은 이 같은 경향을 잘 반영한다. 경제를 배우고 가르치는 과정에서 가장 주의해야 할 점은 경제에는 경제만의 영역이 있고, 그 과정에 대해서는 전문가들이 잘 알고 있기 때문에 결정을 전문가들에게 맡겨야 한다는 것이다.

어렵고 복잡한 문제이기 때문에 전문가에게 맡겨야 한다는 믿음이 가장 강력하게 퍼져 있는 분야는 자연과학이나 의학 분야이지만, 경제 분야 역시 만만치 않다. 복잡한 수식과 생경한 용어로 뒤덮여 있는 경제 분야는 경제학을 전공하거나 관련 분야를 직업으로 가지지 않은 대부분의 보통 사람들이 이해하기에는 어려운 내용들이 굉장히 많다. 그리고 한결같은 결론에 도달한다.

'시장에 맡겨라. 시장이 모든 문제를 합리적으로 해결할 것이다.'

시장에 맡기자는 결론은 두 가지 길로 나아간다. 하나는 경제는 시장이 알아서 할 일이니 그것을 정치의 손에 맡겨 우매한 대중들이 어리석은 결정을 내리게 되는 일을 막아야 한다는 것이다. 하지만, 세상살이를 조금만 겪어보아도 누구나 깨달을 수 있는 진실은, 세상 모든 일은 연관되어 있다는 것이다. 경제만으로 구성된 세상일이란 존재하지 않는다.

한반도를 관통하는 물길을 뚫거나 바다를 메워 땅을 만드는 것은 경제의 영역이 아니다. 그것은 사람들의 삶 전체와 관련된 문제이며, 우리가 앞으로 어떤 세상을 만들어나갈 것인가와 관련된 문제이다. 그런데도, 경제는 말한다. 이건 경제의 영역이니 경제에게 맡기라고.

시장에 맡기자는 결론이 나아가는 또 하나의 길은 전혀 시장의 영역이 아닌 일조차도 시장에 맡기자는 것이다. 시장이 일을 잘하니까 교육도, 의료도, 환경도 다 시장에 맡겨서 해결하면 좋을 것이라고 속삭인다. 시장의 경쟁 원리를 도입하면 선생들은 정신을 번쩍 차릴 것이고, 의사들은 친절해질 것이며, 환경은 좋아질 것이라고 말한다.

어떤 영역을 전문적이고 중립적인 영역이라고 주장하는 일 자체가 특정한 입장을 반영한다. 경제에는 경제의 길이 있으니, 무지몽매한 것들은 개입하지 말라는, 있는 사람들끼리 알아서 그들을 위한 판을 벌이는 데 방해가 되지 말라는 주장을 하는 것이다. 그러나, 그것이 어렵고 복잡한 일이라면 전문가들에게 쉽게 설명할 것을 요구해야 한다.

"그들이 와서 설명하게 하라. 그러면 우리가 결정할 것이다."

학교에서 '바람직한 시민'을 양성하라고 시민들의 세금으로 월급을 받으며 먹고 사는 교사에게는 어떤 소명이 요구되는 것일까? 전문가들에게 설명을 요구할 수 있는 시민, 그것을 바탕으로 좋은 결정을 내릴 수 있는 시민을 길러내는 일일 것이다. 아이들이 복잡하고 어렵다는 핑계로, 나는 나 먹고 살기도 바쁘다는 핑계로 결정을 회피하지 않는 시민으로 성장하는 것을 돕는 일, 그것이 교사의 일이다. 아이들은 고등학교를 졸업하면 곧바로 생애 첫 투표권을 실현하는 유권자가 된다. 그들이 시민으로서 좋은 결정을 내리기를, 그리고 스스로 좋은 결정을 내릴 힘이 있다는 것을 알게 되기를, 간절히 바란다. 그리고 그렇게 될 수 있도록 돕는 것이 교사의 임무다.

좋은 결정을 하기, 좋은 결정을 할 힘이 있다는 것을 깨닫기 — 이것을 위해 가장 좋은 것은 토론수업이다. 그래서 토론수업을 한다.

이유도 목적도 알 수 없는 토론은 이제 그만

가장 나쁜 토론수업은 어느 날 교사가 수업시간에 들어와서 느닷없이 오늘은 이러저러한 주제로 토론을 해보자고 선언한 뒤, 사회자로 한 학생(대개는 회장)을 지목하고는 자신은 뒤로 빠져 교실 뒤편에 서는 것이다. 준비도 없고, 형식도 없는 토론이 성공적으로 이루어지기를 바라는 것은 복권도 사지 않고 당첨되기를 바라는 것만큼이나 허망한 일이다. 토론은 잘되지 않을 것이다. 사회자는 앞에서 진땀을 흘리고 아이들은 각자 딴 짓을 하거나, 아니면 시선을 내리깔고 사회자와 눈이 마주치지 않으려고 노력할 것이다. 교사는 화가 난다. '기껏 토론시간을 주었는데, 이런 쉬운 주제로도 토론을 못하다니! 앉아서 지들끼리 떠드는 것은 잘도 하면서 정작 멍석을 펴주면 아무 소리도 못하다니! 비겁하고 무능한 것들!' 교사가 화를 내면 아이들은 교사의 눈치를 보며 근근이 토론을 이어가고, 수업이 끝나는 종소리를 간절히 기다릴 것이다. 분위기가 아주 나빠진 채로 수업

행복을 배우는 경제수업

이 끝나면 교사와 학생들은 각자의 결론에 도달한다.

교사 바보 같으니라고! 내가 저 녀석들하고 다시 토론수업을 하나 보자!
학생 난 정말 토론이 싫어!

땅콩 선생도 학생이던 시절에 이런 토론수업을 몇 번 경험해 보았다. 아주 좋지 않은 경험이었다. 운이 더 나빠서 사회라도 맡게 되면 토론에서 자기 보고 발언하라고 했다고 두고두고 원망하는 친구들 덕분에 안 그래도 별로 좋지 않은 교우관계가 더욱 안 좋아졌다. 교사가 설명식 수업을 했으면 노트 필기나, 하다못해 교과서에 친 밑줄이라도 남았을 텐데, 아무것도 건진 것 없이 무지하게 피곤했던 기억이 생생하다.

나쁘다. 아주 나쁘다. 토론수업을 안 하는 것보다도 더 나쁘다. 교사가 토론수업을 하지 않았다면 토론에 대해 아무런 생각도 없었을 아이들은 이제 그 나쁜 토론수업 덕분에 토론을 싫어하게 되었다. 이때의 안 좋은 경험은 훗날에도 영향을 끼쳐서 그가 꼭 발언해야 하는 자리도 회피하는 어른으로 자라는 데 한몫하게 될 것이다. 설사 어느 정도 토론이 이루어졌다 해도 장기적으로 보면 좋은 일은 아니다. 아이들은 준비 없이, 규칙이나 절차도 없이 생각나는 대로 말하는 것이 토론이라고 생각하게 될 것이다.(그런 토론자를 TV토론에서 수도 없이 본다.)

경제에서 토론수업을 하면서 땅콩 선생이 생각하는 목표는 ① 전문적인 것으로 보이는 영역도 사실은 토론의 영역(공론의 장에서 사회적 합의에 도달해야 하는 영역)임을 알기 ② 토론에 대해 긍정적인 생각 갖기이다. 그리고 이를 위해 필요한 것은 토론 주제를 세심하게 선택할 것(①번 목표를 위해서)과 성공적인 토론 경험(②를 위해서)이다. 단 한 번이라도 좋다. 성공적인 토론 경험! 그것이 중요하다. 좋아하고 즐기면 능력은 저절로 향상된다. 땅콩 선생은 아이들에게 있어서 유일한 교사가 아니다. 그들은 수많은 선생님들로부터 배워 왔고, 앞으로도 수많은 선생님들을 만날 것이다. 토론을 좋아하게 된다면 아이들은 자신의 생에서 펼쳐질 수많은 토론의 기회를 잡을 것이다. 그것으로 그들의 삶이 더 풍요로워지고 우리 사회가 더 좋은 곳이 될 수도 있지 않은가!

성공적인 토론을 위한 수업 준비법

단 한 번이라도 성공적인 토론 경험을!

이것이 쉬워 보이지만 실은 어려운 목표이다. 그래서 준비가 필요하다.

동기 유발

모든 일이 그렇지만, 토론에서는 동기 유발이 특히 중요하다. 토론이라는 것 자체가 각 개인의 자발적이고도 적극적인 참여를 전제로 성립되기 때문이다. '재미있겠다, 해보자!' 이런 마음가짐이 될 수 있도록 해낼 수 있다면 가장 좋겠지만, 적어도 이 일이 중요한 일이라는 생각은 가질 수 있도록 왜 토론수업을 하는지에 대해 잘 설명해 주어야 한다.

어떻게 그렇게 할 수 있을까?

첫 번째는 선배들의 토론을 보여주는 것이다. 사진이나 동영상 등의 기록 자료도 좋고 그들이 제출한 보고서도 좋다.

'그들도 잘했다, 우리도 잘할 수 있다!'

얼마나 간단한가. 이 간단한 방법이 아이들에게 가장 잘 먹힌다. 문제는 처음 토론수업을 시도하는 교사에게는 보여줄 '선배의 토론'이 없다는 것. 'ㅇㅇ고도 했고, △△고도 했다. 우리도 잘할 수 있다'라는 식의 설득도 좋을 것이다.

두 번째는 토론의 유용함을 보여주는 것이다. 이걸 잘하면 이러저러하게 쓸모가 있다는 것을 알려주는 것도 좋은 동기 유발이다. 그리고 토론 능력은 정말 중요하다. 서로 다른 개인과 집단이 서로의 의견을 피력하면서 더 좋은 해결책을 찾아나가는 것, 그것이 민주주의의 힘 아니겠는가! 토론 능력에 대한 사회적 요구는 점점 높아지고 있고 앞으로 더 높아질 것이다.

세 번째는 앞으로 진행될 토론수업에 대해 친절하게 안내해 주는 것이다. 동기 유발에서 많은 교사들이 이 부분을 놓친다. 학생들이 수업에 적극적으로 참여하지 않는 이유를 살펴보면 아주 많은 경우에 잘 모르기 때문이다. 이제 우리는 학생들을 인솔하여 토론이라는 낯선 세계로 데리고 갈 것이다. 아이들은 이 길을 잘 모른다. 성취동기가 높은 아이들은 모르는 길을 갈 때의 호기심과 긴장을 즐기지만, 대부분의 아이들은 모르면 하기 싫어한다. 잘할 리가 없다고 생각하기 때문이다. 잘하지 못할 것이 분명한 일에 '올인'하는 아이들은 없다. 아이들도 나름대로 자기 기준에 따라 합리적으로 자신의 시간과 노력을 배분하기 때문이다.

앞으로 가게 될 토론의 세계에 대한 친절한 안내가 필요하다. 이러저러하게 진행될 것이고, 이러 저러한 준비를 하면 좋은 결과를 얻을 수 있다는 것을 세세히 설명해 주는 것이 좋다. 설명이 자세할수록 아이들은 모르는 길에 대한 공포가 줄어들면서 자신감을 갖게 되고, 자신감이 생긴 아이들은 열심히 한다. 정말 마음먹기 달린 일이 세상에는 참 많다. 토론도 마찬가지이다.

중요한 일인데, 나에게 좋은 일인데 할만하기까지 하다니! 학생들에게는 정말 좋은 소식 아닌가! 교사는 때로 홈쇼핑의 쇼호스트처럼 자기 상품을 잘 팔 수 있어야 한다. 꼬시는 것이다. 얼른 이 상품을 집어 들라고. 즉, 이 수업에 적극 참여하라고. 당장 이 수업에 합류하지 않으면 네 손해라고. 보라, 얼마나 매력적인 상품인가! 가끔 벤치 마킹 차원에서 쇼호스트들을 관찰할 것을 권한다. 소비자로서 홈쇼핑 프로그램을 볼 때와는 다른 맛이 있다.

토론 주제 정하기

토론 주제의 선정은 정말 중요하다. 많은 토론 관련 서적들이 말하길, 토론 주제를 잘 선정하는 것이 토론의 성패를 결정짓는다고 한다. 그래서 토론수업을 하는 교사들은 이 주제 선정에 골머리를 싸맨다.

'여기서 성패가 결정 난다는데 혹시 내가 주제를 잘못 선정해서 토론수업을 실패하면 어떻게 하지?'

걱정이 되는 것이다. 이 말은 반만 맞는 말이다. 토론 주제의 선정은 중요하지만 그렇다고 이거 하나로 성패가 결정 나지는 않는다. 토론수업을 위해서는 여러 가지 준비가 필요하고 이 준비들은 모두 중요하다. 주제 선정도 그 준비 가운데 하나이다. 좋은 주제를 선정하면 좋겠지만, 약간 미흡한 주제를 선정했어도 다른 준비들이 충실하다면 좋은 토론수업이 이루어질 수 있다. 세상살이에 단 한 방으로 모든 것이 결정 나는 것은 복권밖에 없다. 그리고 최적의 주제를 선정하기 위해 고심하느라 토론수업을 시작도 하지 못하는 것보다는 일단 미흡한 주제라도 시작해 보는 편이 좋다. 다음에는 더 잘할 수 있게 된다. 시간이 흐르고 경험이 쌓이다 보면 쉽게 주제를 선정하는 노하우도 익히게 된다.

어떤 주제가 좋은 주제인가? 공식적으로 답하면 교육과정과 관련이 있으면서 학생들의 준비 정도와 흥미에 맞는 주제가 좋은 주제이다. 어려운가? 쉽게 생각하자. 교육과정은 매우 포괄적으로 서술된 문서이다. 해석의 폭이 아주 넓다. 그러므로 우리 삶과 관련된 문제 가운데 교육과정과 관련이 없는 문제는 없다고 보면 된다. 어떤 교과라도 마찬가지이다. 땅콩 선생은 지독히 심심할 때 다른 교과의 교육과정이나 교과서를 들여다보는 해괴한 취미를 가지고 있는데 그 취미 생활의 결과에 따르자면 그렇다는 얘기이다. 상식적인 선에서 해당 교과와 연결되는 주제라면 교육과정과도 관련지을 수 있다. 그러니 안심하고 주제를 고르시라.

다시 물어보자. 어떤 주제가 좋은 주제인가? 이번에는 솔직하게 답하겠다. 지금 교사가 관심을 갖고 있는 주제가 좋은 주제이다. 헉! 학생들이 아니라 교사가 관심을 갖고 있는 주제라 좋은 주제라고? 그렇다. 우리는 학생들이 토론에 대해 아무런 관심이 없는 상태에서 출발하는 경우가 많다. 즉 학생들이 '현재' 관심을 갖고 있는 토론 주제는 없는 것이다. 그렇다면 그 교실에서 교사만이라도 관심을 가지고 있는 주제에서 출발하는 것이 좋지 않겠는가? 적어도 한 명이라도 관심을 가진 사람이 있으니 좋은 일이다.

토론수업을 준비하는 교사는, 게다가 이런 토론수업을 처음 시도하는 교사는 지금까지의 익숙했던 수업방법과 당분간 헤어져서 낯선 상황에 놓이기 때문에 다소 힘든 상황에 처할 수 있다. 토론수업에 익숙한 교사도 마찬가지로 힘들다. 교사의 발언권을 학생들에게 위임한 순간, 토론수업이 이루어지는 교실에서 어떤 상황이 벌어질지는 숙련된 교사도 예측하기 어렵다. 그러니 어려운 길을 택한 교사가 자기가 관심 있는 주제를 토론 주제로 선정했다고 해서 손가락질할 사람은 없다. 다른 방법의 수업은 그렇게 하지 않는가. 우리는 우리가 관심을 가지고 있고, 중요하다고 생각하는 문제를 부각시키면서 수업한다. 수업은 끊임없는 선택의 과정이다. 그런데 토론수업에서만큼은 교육과정과 학생들의 흥미만을 고려해야 한다고? 그럴 리가 없다. "교육과정과 학생의 흥미를 고려하여 교사의 관심에 맞게" 재배열하는 것이 맞다.

자신이 흥미를 느끼는 주제에 대해 교사는 어떻게든 학생들에게 이야기하고 싶어진다. 자신의 생각을 보다 더 잘 설득하기 위해 고심하게 된다. 이러한 과정을 거쳐 관심은 전염된다. 학급 전체로. 그러니 교사가 관심을 가진 주제에서 출발하자. 교육과정에서 딱 맞고, 학생들이 모두 관심을 갖고 있으며 학생들 수준에도 딱 맞는 그런 주제가 우리 토론수업을 위해 지금 사회적 쟁점으로 팍 제기되리라는 그런 기대는 버리는 것이 합리적이다.

다만 그 관심 주제를 학생들의 언어로 번역하는 작업이 필요하다. 우리 교사는 늘 그렇게 한다. 강의식 수업에서도 자신이 선택한 내용과 주제를 학생들에게 잘 전달하기 위해 우리는 끊임없이 학생들의 언어로 번역하는 일을 한다. 사실, 이 번역의 수행 정도가 교사의 전문성을 가름하는 척도이다.

가장 쉬운 방법은 다른 교사들이 선정한 토론 주제를 따라 하면 된다. 그 중에 내가 해보고 싶은 것을 선정한다. 아니면 TV토론 프로그램의 토론 주제나 인터넷 토론방의 토론 주제를 검토해 보고 그 가운데서 적절한 것을 선택할 수도 있다. 땅콩 선생은 최근에는 대학별 고사에서 출제된 논술 기출문제를 보면서 거기서 아이디어를 얻어 토론 주제를 선정한다. 논술 기출 문제에서 토론 주제를 도출할 때의 얻어지는 보너스는 그 주제가 학생들에게 엄청 권위를 갖는다는 것이다. '200ㅁ년 △△대학 수시 2차 기출'과 같이 출처를 달면 된다. 이용할 수 있는 것은 다 이용해 보자.

토론 분위기 만들기

평소에 너무도 근엄하게 수업하다가 갑자기 토론해 보자고 하면, 잘 안된다. 그렇다고 토론수업 한 번을 위해 1년 내내 근엄을 버려야 한다고 주장하는 것은 아니다. 원래 수업에서 근엄은 별로 필요가 없다. 결국 콘

텐츠로 매혹하지 않는 이상 학생들을 지속적으로 끌어들이는 것이 불가능하기 때문이다. 별로 약발이 서지 않는 근엄을 택하기보다는 콘텐츠 개발에 힘을 기울이는 편이 교사 자신에게도 좋다.

수업시간에 여러 가지 방식으로 학생들이 참여하고 발언하는 기회를 많이 제공하고 있었다면 토론수업을 위한 분위기 조성은 이미 마친 셈이다. 그게 아니라면 사전에 학생들이 입을 여는 준비를 해주는 것이 좋다. 땅콩 선생은 3장에서 소개한 창업계획 발표수업을, 토론수업을 위한 사전 준비로 활용한다. 어떤 학년을 맡느냐에 따라 배치가 조금 달라지기는 하지만 2학년 경제를 맡을 경우에는 1학기에는 창업계획 발표수업을 하고 2학기에는 토론수업을 한다. 이를 위해 창업계획 발표수업의 기본 구조는 토론수업과 완전히 동일하게 구성한다. 1학기에 익힌 구조를 2학기에 발전시키는 것이다.

창업은 학생들이 이해하기 쉬운 내용이기 때문에 진행하는 형식이 낯설어도 금방 적응할 수 있다. 학생들은 창업계획을 발표하고 질의응답하는 시간을 가지면서 토론의 기본 규칙과 방법, 구조 등을 익히게 된다. 2학기에는 설명이 간단해진다.

"1학기 때 했던 창업계획 발표와 똑같이 하는데 이번에는 창업계획이 아니라 토론 주제가 들어가는 것만 달라요."

학생들은 쉽게 이해한다. 한번 해본 것이기 때문에(그리고 그 결과가 나쁘지 않았기 때문에) 학생들은 자심감도 갖는다.

토론 형식

수업시간 중간 중간에 하는 소그룹 토론에는 별다른 형식이 없어도 된다. 하지만 학급 전체가 참여하는 규모가 큰 토론에는 형식과 규칙이 분명해야 한다. 창업계획 발표수업과 동일한 방식으로 토론을 진행한다면 패널 토론이다. 패널 토론은 준비된 패널이 청중들 앞에서 토론을 벌이고, 이것에 기초하여 청중들이 질문하고 패널이 답하는 방식으로 진행된다. 창업계획 발표 때와 마찬가지로 두 모둠이 앞에 나와 경쟁하는 관계에 놓이기 때문에 토론 내용은 찬반 토론이 될 것이다. 찬성과 반대가 분명하게 드러나는 토론 주제를 가지고 두 모둠이 토론하고 이 토론이 끝나면 청중들과의 질의응답이 이어지는 것이다.

이 방법은 기본적으로 두 모둠이 경쟁을 하는 구조를 갖고 있어서 발표 모둠이나 청중 모둠 모두에게 긴장과 흥미를 이끌어낼 수 있다. 학생들은 이 자체를 하나의 게임처럼 받아들이기도 한다. 그리고 자기들끼리 어느 모둠이 이겼는지를 판정하기도 하다.(재미있는 것은 이 판정이 항상 교사가 준 점수와 일치한다는 것이다. 호홋, 다들 보는 눈을 있어 가지고!)

모둠 편성

모둠 편성 방법은 3장에서 창업계획 발표를 위한 것과 기본적으로 같다.(96~97쪽 참조)

① 짝수로 모둠을 편성한다. 한 모둠에 4명이 가장 적당하지만, 6명도 좋다. 한 모둠의 구성원이 6명을 넘어가면 모든 사람이 참여하는 모

둠활동은 기대하기 어렵다. 35명 학급을 기준으로 6모둠이나 8모둠 편성을 권한다.

② 모둠장을 뽑는다. 연기명 투표 방법을 이용한다. 6개의 모둠을 편성할 것이라면 3명을, 8개의 모둠을 편성할 것이라면 4명을 적어내게 한 뒤 다수 득표자 순으로 모둠장을 결정한다.

③ 파트너를 지정한다. 모둠장은 자기가 원하는 친구를 파트너로 지명할 수 있다. 득표수가 적은 모둠장부터 순서대로 지명한다. 칠판에 모둠장과 파트너의 이름을 나란히 적는다.

④ 나머지 학생들에게 번호표를 뽑게 한다. 학생들이 뽑은 번호가 자기 모둠을 선택할 수 있는 순서이다. 순서대로 자기가 들어가고 싶은 모둠을 정한다. 일단 모둠원의 수가 채워진 모둠에는 더 이상 지원할 수 없다. 이렇게 해서 마지막 번호까지 계속 지원한다.

⑤ 맨 마지막 학생을 제외하고는 모두 희망이 반영된 모둠이 편성되었다. 맨 마지막 학생들이 들어간 모둠은 상대적으로 다른 모둠에 비해 열세일 것이 분명하다. 이 모둠에게 주제 선정과 발표 날짜 선택에 우선권을 준다.

주제 배분

① 두 모둠이 한 팀이 된다. 여덟 모둠이라면 넷 팀이 구성된다. 모두 네 번의 토론이 있을 것이란 의미이다.

② 자기 팀에서 토론할 주제를 선택한다. 3지망까지 정한다.

③ 각 팀의 희망을 반영하여 주제를 나누어 갖는다. 이때 가위바위보나 사다리 타기와 같은 방법을 사용하지 말고 반드시 대화와 타협을 통해 합의에 도달하도록 한다. 이때부터 토론 연습은 이미 시작된 것이다.

④ 나누어 가진 주제에 대해 한 팀 내에서 입장을 정한다. 예를 들어 사형 제도를 주제로 갖게 되었으면 한 모둠은 찬성, 다른 한 모둠은 반대의 입장을 갖게 되는 것이다.

⑤ 토론 날짜를 결정한다.

교사에 따라 다르겠지만, 땅콩 선생은 토론수업 안내와 동기 유발, 주제 설명, 모둠 편성, 주제 배분과 토론 날짜 결정에 한 시간을 배정한다. 빠듯하지만, 한 시간 안에 끝낼 수 있다. 모둠 편성이나 주제 배분을 학생들이 알아서 한 뒤 교사에게 적어내라고 하지 않기를 권한다. 소외되는 학생도 생겨나고 불만을 갖는 학생도 생겨난다. 교사가 직접 지도하는 가운데 진행되는 것이 좋다.

토론수업 진행

① 토론수업 전날 점심시간 전까지 학급 친구들에게 나누어 줄 한 쪽짜리 유인물을 작성해 오도록 한다. 인쇄를 하기 위한 시간이 필요하기도 하고, 학생들의 준비 정도를 점검할 수 있어서 일석이조이다. 안 가져오면? 3장에서 설명한대로 "하루 전날 점심시간 전까지 청중 배부용 자료를 교사에게 제출하였습니까?" 항목을 평가 체크리스트에

넣으면 된다.

② 교사는 다음과 같은 준비물을 가지고 입실한다.

- **청중 배부용 자료**(발표 모둠이 만든 것)

- **학생용 평가서**

- **시계**(핸드폰, 스톱워치, 타이머, 뭐든. 없으면 학생들에게 빌린다.)

③ 학생들은 다음과 같이 좌석을 배치하고 발표 준비를 마친 뒤 대기한
다. 왼쪽은 창업계획 발표 때와 같은 좌석 배치이다. 오른쪽은 토론자
들을 마주보게 앉히고 청중들이 둘러싸게 하는 방법이다. 집중 정도
는 오른쪽 방법이 더 높아지지만, 학생들이 교실의 컴퓨터를 이용하
여 발표하려고 하면 학급 전체가 고개를 옆으로 돌려 정면 칠판 쪽을
바라봐야 하는 문제가 있다.

토론 진행을 위한 좌석 배치

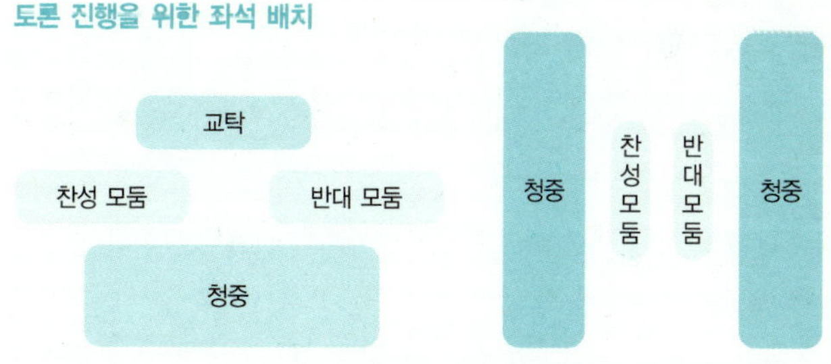

④ 다음과 같이 토론을 진행한다.

1단계 : 찬성 모둠 입장 발표 (3분 권장 5분 제한), 반대 모둠 입장 발표
(3분 권장 5분 제한)

2단계 : 찬성 모둠과 반대 모둠의 토론, 질의응답 (10분)

3단계 : 청중들의 질문과 패널의 답변 (20분)

4단계 : 마무리. 교사의 정리 및 평가서 수합 등.

토론을 마친 뒤에 하는 일

① 토론 참가자는 자신이 이 토론을 위해 준비한 자료 가운데 가장 대표적인 것과 미리 작성한 예상 질문과 답변지를 제출한다. 청중 배부용 자료를 제작한 사람은 예상 질문과 답변지를 제출하지 않아도 된다. 별도로 모둠별 보고서를 요구하지는 않는다. 땅콩 선생의 경험에서 판단할 때, 보고서를 모둠별로 쓰는 것은 정말 어려운 일이다. 어른들이 해도 기계적으로 나누어 맡게 된다. 아니면 한두 명이 죽도록 고생하는 결과를 낳는다. 어차피 기계적으로 나누어 맡을 것이므로 각자 준비한 것을 제출하도록 하는 것이다.

② 3~4차례의 토론을 모두 마치면 학생들은 자기가 청중으로 참가한 토론 주제 가운데 하나를 선정하여 질문과 답변지를 작성하도록 한다. 질문 세 개와 그에 대한 답변으로 간단하게 구성하도록 한다. 양식은 ①에서 사용한 것과 같다.

1. 이 보고서는 자기 모둠의 발표 당일까지 작성하여 모둠의 발표를 마친 직후 담당 선생님께 제출하여야 합니다.

2. 보고서의 뒤에 이 토론을 위해 자신이 준비한 자료 가운데 가치 있는 것을 엄선하여 붙여주셔요.

이 숫자는 점수입니다. 5점 만점에 학생이 받는 점수를 표시합니다. 이렇게 해 놓으면 채점할 때 편리합니다.

학년 반 번 이름 :	0	1	2	3	4	5

우리 모둠의 이름 :　　　　　　　우리 모둠 주제 :

제출일 :

내가 받게 될 예상 질문(1)

예상 질문에 대한 답변

내가 받게 될 예상 질문(2)

예상 질무에 대한 답변

내가 받게 될 예상 질문(3)

예상 질문에 대한 답변

내가 상대 모둠에게 하려는 질문

(1)

(2)

(3)

묻고. 답하며. 배우는. 경제수업 Q&A

Q. 토론에서 사회자는 누가 합니까?

A. 원칙적으로 교사가 합니다. 사회를 보는 일은 부담이 매우 큰 일입니다. 다만 앞에서 소개한 방법대로 토론수업을 진행할 때에는 사회자의 역할이라는 것이 딱히 없습니다. 그냥 시간을 관리하고 진행 순서를 알려주면 됩니다.

Q. 청중이 패널에게 질문을 하였는데, 패널에게서 만족할 만한 답을 얻지 못할 경우 재질문을 할 수 있습니까?

A. 재질문은 허용하지 않는 것을 기본으로 하고 있습니다. 가능하면 많은 학생들에게 질문의 기회를 주기 위해 시간을 절약한다는 의미도 있습니다만, 더 중요한 이유는 재질문의 허용이 결코 질의응답의 질을 높여주지 못하기 때문입니다. 처음 학교에서 토론수업을 도입할 때, 동료 교사들과 간단한 실험을 해 보았습니다. 한 학급에서는 재질문을 허용하고, 다른 학급에서는 허용하지 않은 채로 어떤 일이 일어나나 동료 교사들과 함께 참관을 통해 살펴보았습니다. 그랬더니 재질문을 허용한 학급에서 청중들은 "방금 ○○라고 하셨지요?" "네." "그럼 △△라는 뜻이겠네요." "그게……." 이런 식으로 신경질적인 말꼬리 잡기가 나타났습니다. 청중은 패널에 비해 그 주제에 대해 준비가 덜 된 토론자입니다. 패널을 괴롭히거나 기를 꺾기 위한 수단으로 토론의 자리가 악용되어서는 안 됩니다.

항의하는 학생들도 있습니다. 아직 원하는 대답을 듣지 못하였다고요. 저는 대답합니다. 첫째, 이 자리는 취조하는 자리가 아니므로 원하는 대답을 듣지 못할 수도 있다는 것, 둘째, 원하는 대답을 듣지 못한 것은 패널의 응답이 부실했기 때문이 아니라 청중의 질문이 부실했기 때문이라는 것, 셋째, 단번에 원하는 대답을 들을 수 있도록 단 한 번의 질문 기회를 성실하게 활용할 것. 즉, 질문을 구상하고 또 구상할 것. 넷째, 모두의 시간은 귀중하고, 그 귀중한 시간이 내게 주어졌을 때 귀하게 사용하는 것이 타인에 대한 예의라는 것. 모두 수긍하더라고요.

Q. 학생들도 원래의 입장이라는 것이 있습니다. 자신의 신념이나 양심에 반하는 입장에서 토론하게 될 경우 괴롭지 않을까요? 모둠을 편성할 때 학생들의 입장을 반영해야 할까요?

A. 일단 앞에서 소개한 방법으로 모둠을 편성하기 때문에 모둠 구성 과정에서 학생들의 입장이 미리 반영되지는 않습니다. 하지만, 주제 배분 과정에서 일단 학생들의 희망이 반영되어 있습니다. 그러므로 대개의 경우 문제는 없습니다. 하지만, 주제와 입장이 결정된 후 "이 상황이 자신의 정치적 신념이나 종교적 양심 등에 위배되는 경우에는 언제든 말하세요. 바꾸어드립니다."라는 것을 공표합니다. 여태까지 몇 명의 학생이 이 기회를 활용하였을까요? 한 명도 없었어요. 하지만 지금까지 한 명도 없었다고 앞으로도 한 명도 없을 것이라고 단언할 수는 없으므로, 신념이나 양심을 존중하는 원칙은 계속해서 알려주어야 합니다. 이 원칙을 천명하는 일은 이중의 효과를 갖습니다. 하나는 혹시라도 있을, 신념 때문에 괴로워하는 학생에게 실질적인 도움이 되는 것이고, 또 하나는 학생들에게 어떠한 경우에라도 신념과 양심은 존중받아야 한다는 것을 가르쳐주는 것입니다. 교육이라는 이름으로 수많은 권리들을 침해하고 있는 학교 현실을 생각해 보셔요.

다른 한편으로는 자신의 입장과 반대의 입장에서 토론하게 되었을 때, 긍정적인 효과도 있습니다. 다른 입장에서 해당 주제를 보기 시작하면 본인이 보지 못하던 것을 보게 되기 때문입니다. 힐러리는 원래 공화당 지지자였으나 고등학교 때 민주당의 입장에서 토론하게 된 것이 계기가 되어 민주당 지지자가 되었다고 합니다.

Q. 보고서를 질문과 응답으로 구성하도록 한다고 하셨는데, 그 의도는 무엇입니까?

A. 논리적인 글을 보면 하나의 메인 질문이 있고, 모든 글은 그 질문에 대한 답변으로 구성되어 있습니다. 보다 구체적으로 들여다보면 메인 질문을 해결하기 위한 하위 질문이 있고, 각 장들은 그에 대한 질문과 답변으로 구성되어 있지요. 그러니까 하나의 메인 질문(바로 토론 주제이지요.)에서 파생되는 세 개의 하위 질문과 응답으로 글을 구성해 보면 짜임새 있는 글을 쓰기 위한 개요 짜기를 마친 셈입니다. 논리적이고 짜임새 있는 글을 쓰기 위한 준비 단계를 훈련하도록 하는 것이지요.

저는 학생들에게 다섯 단락으로 글을 쓰기를 권하고 있습니다. 이런 짜임새가 되지요.

1단락 : 메인 질문의 제기

2단락 : 첫 번째 하위 질문과 그 답변

3단락 : 두 번째 하위 질문과 그 답변

4단락 : 세 번째 하위 질문과 그 답변

5단락 : 메인 질문에 대한 답변

만약에 이것이 하나의 책이라면 이렇게 발전될 것입니다.

1장 : 메인 질문에 대한 설명, 앞으로 이 질문을 풀어갈 방식에 대한 안내

2장 : 첫 번째 하위 질문과 그에 대한 답변

3장 : 두 번째 하위 질문과 그에 대한 답변

4장 : 세 번째 하위 질문과 그에 대한 답변

5장 : 메일 질문에 대한 답변(결론)

다른 사람이 쓴 글이나 책을 읽을 때에도 메인 질문과 하위 질문을 찾아내는 연습을 하면 크게 도움이 됩니다. 세 개의 질문과 답변으로 구성된 보고서를 요구하는 것도 이와 같은 맥락에서입니다.

Q. 전체적으로 질문을 강조한다는 느낌을 많이 받았습니다. 특별한 이유가 있나요?

A. 토론은 기본적으로 질문과 답변으로 구성되어 있습니다. 질문과 답변 중에 더 중요한 것은 질문입니다. 먼저 질문이 제기되어야 답변이 있습니다. 좋은 질문은 좋은 답변을 가져왔습니다. 인류의 역사는 누군가 훌륭한 문제를 제기하고 사회가 그 질문에 대한 답을 찾는 과정에서 발전해 왔습니다.

결국 문제의식을 갖는 일의 중요성을 강조하는 것이지요. 학생들이 좋은 질문을 할 수 있도록 지도하는 좋은 방법은 교사가 먼저 좋은 질문을 준비하는 것입니다. 토론 중간 중간에 준비한 질문을 던져서 토론의 방향을 잡아주면 좋습니다. 학생들은 교사의 질문을 보면서 좋은 질문에 대한 감을 잡아갑니다.

또 하나의 좋은 방법은 좋은 질문에 대해 칭찬을 아끼지 않는 것입니다. 교사가 어떤 분야

에 주목하고 칭찬하느냐에 따라 수업의 장면은 크게 달라집니다. 멋진 프리젠테이션에 힘을 주어 칭찬하면 학생들은 좋은 프리젠테이션을 하기 위해 노력할 것입니다. 멋진 보고서를 칭찬하면 멋진 보고서를 쓰기 위해 시간을 보내겠지요. 그러나 우리는 모든 것을 칭찬할 수는 없습니다. 그렇다면 가장 중요하게 여기는 것에 칭찬을 집중해야 합니다. 저는 질문을 칭찬하는 일에 집중합니다. 학생들은 좋은 질문을 알아보는 안목을 키우게 됩니다. 스스로 좋은 질문을 하고 싶어 합니다. 그러면? 네. 좋아집니다.

이와 같은 질문의 힘에 대해 강조하는 책이 있습니다. 도로시 리즈의 《질문의 7가지 힘》(노혜숙 옮김, 더난출판, 2002)입니다. 질문에 대해 관심을 갖고 있는 분들은 꼭 읽어보시기를 권합니다. 교사를 다른 말로 설명하라고 하면 저는 "다른 사람의 성장을 돕기 위해 질문을 던지는 이"라고 말하렵니다. 이 책에서는 질문의 일곱 가지 힘과 50가지의 현문을 소개하고 있습니다. 다른 사람의 성장을 돕고 스스로 성장하기를 원하는 교사들이 참고하면 좋겠습니다.

Q. 구체적으로 어떤 주제를 다루었나요?

A. 경제시간에 토론한 것을 중심으로 살펴보면 다음과 같습니다.

· 치명적인 질병의 치료제에 대한 특허권은 정당한가?
· 새만금 개발 계속해야 하는가?
· 경제 성장은 좋은 것인가?
· 경제 성장은 행복의 필요조건인가?
· 고가의 명품을 구매하는 것은 합리적인가?
· 명품의 짝퉁을 구매하는 것은 합리적인가?
· 고등학생의 알바는 합리적 선택인가?
· 자립형 사립고 정책
· 의료 보험 민영화
· 공기업 민영화
· 경부대운하

토론수업에 도움을 줄 만한 책들

토론에 대한 책도 시중에 정말 많이 나와 있지만, 토론수업을 하려는 교사에게 실질적인 도움이 되는 책은 많지 않다. 토론 방법이나 토론 지도에 대한 책을 많이 읽기보다는 토론에서 다루어지는 주제에 대한 독서를 먼저 권한다. 그래도 토론수업에 대한 책을 좀더 읽어봐야겠다고 생각한다면, 다음 책이 도움을 줄 수 있다.

생각의 힘을 키우는 토론수업 강병재 지음, 교보문고, 2007

교사를 위한 교과토론 길라잡이라는 부재가 말해주듯이 이 책은 정말로 교사가 교과 수업시간에 토론을 이용할 수 있는 실질적인 방법을 안내한다. 토론의제 준비하기, 질문의 종류와 예시, 교안 작성법까지 세세하게 보여주고 있는데, 이 책을 읽다보면 지금까지 토론에 대해 "시사적인 문제에 대한 찬반을 다투는 것"으로 한정하여 왔던 나의 생각이 얼마나 협소했는지를 깨닫게 된다. 이 책대로라면 수학에서도 토론수업이 가능하다.

토론하는 교실 여희숙, 노브16, 2007

토론수업을 열심히 하던 초등학교 교사가 아예 전문적인 토론지도 교사로 나섰다. 이 책은 여희숙 선생님이 오랜 세월 토론수업을 지도하면서 정리한 노하우가 친절하게 담겨 있다. 늘 설렁설렁 수업을 하는 땅콩 선생에게 이렇게 찬찬히, 단계를 밟아 지도하세요, 하고 속삭이듯 알려주고 있다. 여러 주제에 대한 토론이 어떻게 진행되었는지 그 구체적인 내용까지 살필 수 있다.

토론은 기 싸움이다 탁석산, 김영사, 2006

탁석산의 글쓰기 시리즈의 마지막권이다. 탁석산에게 가면 글쓰기든, 토론이든 굉장히 단순해지는 것 같다. 토론을 잘하고 싶어 하는 직장인이 겪는 이야기를 중심으로 서술되어 술술 읽힌다. 토론이 너무 복잡하고 어려운 일로 여겨질 때 자신감을 얻기 위해 이 책을 읽어도 좋을 듯하다. 하지만 앞의 두 책처럼 구체적인 토론지도 방법이 나와 있는 책은 아니다.

무엇이든 다 알고 난 뒤에 시작하려고 하면 아무것도 할 수 없다. 토론수업도 마찬가지다. 토론에 대해 미친 듯이 공부하고 나서, 시중에 나와 있는 토론에 대한 책을 다 읽고 나서 토론수업을 시작하려고 하면 영원히 토론수업을 할 수 없을 것이다. 그러니 무작정 시작하라. 원탁토론이니, 링컨–더글러스 토론이니, 하는 식으로 어렵고 생소한 용어를 많이 알게 되었다고 해서 토론수업을 잘하게 되는 것은 아니다. 춤을 추려면 춤에 대한 책을 읽기보다 춤을 춰보는 것이 더 낫다. 토론도 그렇다. 그냥 시작하라.

책은 아니지만, 토론수업에 대해 보다 구체적인 도움을 얻고 싶다면 티처빌 (www.teacherville.co.kr) 원격 연수로 개설되어 있는 〈토론의 달인〉 연수 과정을 클릭하라고 권하고 싶다. 무턱대고 일을 벌이는 것이 특기인 땅콩 선생이 무작정 토론수업을 진행하면서 부딪힌 문제들을 극복하는 과정에서 정리된 노하우를 친절하게 전해준다. 으음……. 약간 쑥스럽지만, 좋은 건 알려야 하는 것 아닌가? 하핫!

5장

교육의 클래식

책 읽고 독후감 쓰기

교사의 책무 책을 읽을 수 있도록 도와주기
독서의 세계로 끌어들이는 3가지 전략
질문과 응답을 활용한 독후감 쓰기
독후감을 쓰는 여러 방법들

책을 읽을 수 있도록 도와주기

교사는 학생들의 성장을 돕는 것을 직업으로 삼고 있는 사람이다. 학생의 성장을 돕기 위해 교사는 이런 저런 일을 할 수 있을 것이다.

- 늘 친절한 태도로 학생들을 대하면서 친절의 위력을 몸으로 설파하기
- 때로 실패하고 때로 망가져도 새롭게 도전하는 모습을 통해 도전의 즐거움을 알려주기
- 스스로 많은 질문을 던지고, 학생들의 질문을 환영하면서 질문의 힘을 깨닫게 하기

이 같은 목록들을 만들면 밤을 새도 끝이 없을 것이다. 이 가르침과 배움의 목록 가운데에는 모든 이들이 동의하는 것도 있겠지만, 격렬하게 찬반이 오가는 것도 있을 것이다. 사람들마다 우선순위도 크게 다를 것이

다. 그러나 누구든 동의할 수 있는 것은, 어떤 훌륭한 교사도 모든 것을 가르칠 수 없다는 것. 그러므로 학교에서의 가르침과 배움의 끝은 학교의 품을 떠나 세상 속으로 나아갈 아이들이 스스로 배우는 법을 깨닫는 것이다.

어떻게 스스로 배울 수 있을까? 여러 가지 방법이 있겠지만, 누구나 수월하게 실천할 수 있는 방법은 책을 읽는 것이다. 그러므로 학생들이 책을 읽을 수 있도록 도와주는 것은 교사의 중요한 책무이다.

땅콩 선생이 학생이던 시절에 책은 경쟁자가 별로 없었다. 친구들과 놀다가 집에 돌아와 혼자 있게 되면 책을 읽었다. 그때의 유일한 문제는 읽을 책이 그리 넉넉하지 않았다는 것이다. 책은 가정 형편에 비해 고가품이었고, 시립도서관에서 조차도 관외대출을 할 수 없었다. 시간은 넘쳐났고, 부족한 것은 책뿐이었다. 이제는 형편이 많이 바뀌었다. 하루 종일 공중파 방송, 위성 방송이 방영되고 있고, 컴퓨터를 켜면 인터넷에 접속할 수 있으며, 손에는 조그만 PMP가 들려있다. 다양한 기능이 내장된 손전화도 있고, 닌텐도 게임기도 있다.

학생들이 책을 읽기 어려워진 사정에는 보다 본질적인 이유가 있다. 학생들은 책을 읽기에는 너무 바빠졌다. 학교에 붙잡혀 있는 시간도 길어졌고, 학원도 진짜 많이 다닌다. 학생들은 시간이 없다. 원래 책을 읽는 것이 쉬운 일은 아니다. 정말 심심해서, 달리 할 일이 없어서 온몸이 근질거려야 책을 읽을 수 있게 된다. 그러므로 학생들이 책을 읽도록 돕는 방법은 사실 간단하다. 좋은 책이 잔뜩 있는 곳에서 한껏 심심하게 만들어 주면 책을 읽을 것이다! 이 방법은 매우 간단하지만 결정적인 문제가 있다. 실천하기가 너무 어렵다. 맞서 싸워야 할 것들이 너무도 많다.

땅콩 선생은 차선책을 택했다. 맞다. 조금만 비겁하면 세상이 즐겁다. 일단 할 수 있는 일부터 하면서 좋은 세상을 기다려 보자. 혹시 모르지. 차선책을 실천하는 것이 최선책을 위한 좋은 세상 오기를 앞당길 수 있을지도. 최소한 상대가 너무 버겁고 과제가 너무 힘들어서 아무것도 하지 못하는 것보다는 낫지 않을까?

땅콩 선생이 택한 차선책은 독후감 쓰기를 숙제로 내주는 것이다.

— 엥? 숙제? 독후감? 싫어, 싫어, 숙제 싫어. 독후감 싫어. 독후감 숙제 제일 싫어.

— 어허, 뚝! 울지 말고 잘 보라구.

책이나 음악만 클래식이 있는 것이 아니다. 교육에도 클래식이 있다. 책 읽고 독후감 쓰기도 교육의 클래식이라 할만하다. 문제는 그 의도가 심하게 왜곡되고 본말이 전도되었기에 발생하는 것일 뿐, 그 자체가 나쁜 것은 아니다. 이제 독후감 숙제라는 클래식한 방법의 본줄기를 찾아가 보자.

땅콩 선생은 여름방학을 맞는 아이들에게 권장도서 목록을 주고 그 가운데 하나를 선택하거나, 혹은 경제, 세상, 돈과 관련된 책을 스스로 선택해서 책 한 권을 읽고 독후감을 쓰는 숙제를 내준다. 이 독후감은 2학기

수행평가에 반영된다. 비명을 지르는 학생, 절망하는 학생, 원망하는 학생……. 과제를 설명하기 시작할 때의 분위기는 우호적이지 않다. 이 비호감의 분위기를 전환시켜 학생들이 정말로 책 읽기와 독후감 쓰기를 하도록 하려면 고도의 전략이 필요하다.

책 읽기도 싫고 독후감 쓰기도 싫은데, 책 읽고 독후감 쓰기를 숙제로 하라면 개학 후 교사는 학생들이 인터넷에서 뜻도 모르고 긁어온 말도 안 되는 글들을 읽으며 머리에서 스팀이 솟을 각오를 해야 한다. 다시 한번 강조하지만, 아무런 사전 지도 없이, 즉 이제부터 소개할 여러 전략을 수행하지 않고, 그냥 독후감 숙제를 부과하는 것은 위험한 행동이다. 혈압이 염려되는 교사는 절대로 시도하지 말아야 할 무모한 행동이다.

일단 솔직히 인정하자. 학생들은 독후감 쓰기를 싫어한다. 아니, 솔직하게 말하자. 교사들도 독후감 쓰기를 싫어한다. 독후감 쓰기가 싫어서 책 읽기가 싫어졌다는 아이들도 있을 정도이니 독후감 쓰기를 지도할 때에는 정말 잘해야 한다. 선생님이 내준 독후감 숙제가 학생들을 영영 책으로부터 멀어지게 하는데 한몫하게 된다면 그야말로 개그 아닌가?(비극이라고 해야 하나?)

문제를 해결하기 위해서는 원인부터 알아야 한다. 왜 독후감 쓰기가 싫을까? 첫째, 책 읽기가 싫다. 둘째, 글쓰기도 싫다. 글쓰기 자체가 싫으니까 글쓰기의 일종인 독후감 쓰기도 싫어진다. 셋째, 정말 쓸 말이 없는데 써야 하니 싫다. 감동도 못 받았고 교훈도 얻지 못했는데 독후감을 쓰려면 감동과 교훈을 가장해야 한다. 이도 못할 노릇이다. 어떻게 할까?

독서의 세계로 끌어들이는 3가지 전략

 훌륭한 도서목록 만들기

책 읽기와 독후감에 대한 비호감의 분위기를 전환하기 위해 교사가 구사해야 할 첫 번째 전략은 훌륭한 도서목록을 작성하는 것이다. 훌륭한 도서목록은 다음과 같은 미덕을 골고루 갖추고 있어야 한다.

쉬운 책과 어려운 책이 섞여 있어야 한다

도서목록은 앞으로 그 책을 읽을 이들을 위하여 먼저 읽은 이가 보여주는 안내지도 같은 것이다. 이 지도를 참고삼아 학생들은 책 읽기에 돌입하게 된다. 그런데, 지도에서 보여주는 길들이 죄다 고도의 암벽 훈련을 거쳐야만 가능한 난코스라면? 대부분의 학생들은 코스를 보고 지레 겁을 먹고 포기할 것이다. 평소에 책 읽기에 관심도 많고 능력도 있어서 포기하지 않고 도전하는 학생들도 소수 있겠지만, 이들 가운데 많은 수가 중도에 포기하거나, 아니면 험로를 헤쳐 정상까지 올랐다 하더라도 다시는 이 코스를 택하지 않으리라 결심하게 될지도 모른다.

학생들이 읽기에 적절한 수준의 책을 골라서 제시해 주는 것은 도서목록 작성의 가장 기본이다. 여기서 유의할 점은 '적절한 수준'이라고 했지, '쉬운 수준'이라고 하지 않았다는 것이다. 좋은 책을 읽혀야 한다는 목적의식이 너무 강한 나머지 너무 어려운 책들이 빼곡하게 담긴 도서목록도 문제이지만 그렇다고 해서 무조건 쉬운 책들로만 가득 차 있어도 좋은 일은 아니다. 그러면?

수준을 다양하게 해야 한다. 같은 학급, 같은 학교에서 같은 과정을 공부하고 있다 해도 학생들의 능력은 정말 천차만별이다.

좋은 안내지도는 여러 가지 코스를 제시한다. 초보자 코스부터 챌린지 코스, 어드벤처 코스까지. 고등학생에게 제시하는 도서목록에도 초등학생 대상의 책을 포함시켜도 되는 것이다. 그리고 알려준다. 이 책은 정말 쉬운 책이라고, 초딩도 읽을 수 있다고. 이 책을 읽고 독후감을 써도 어려운 책을 읽고 쓴 독후감과 똑같이 대접해 준다고. 땅콩 선생은 《어플루엔자》존더 그라프 외 지음, 박웅희 옮김, 한숲출판사, 2004와 같은 책 옆에 위기철의 《무기 팔지 마세요》위기철 지음, 이희재 그림, 청년사, 2002를 나란히 넣어서 도서목록을 작성한다. 어떤 책을 선택하든 본인의 자유이다.

다양한 취향을 반영해야 한다

땅콩 선생은 《반지의 제왕》 J.R.R. 톨킨 지음, 김번 외 옮김, 씨앗을뿌리는사람, 2007

이 정말 어려운 책이라고 생각했다. 그런데 어떤 이들은 이 책을 정말 쉽게 읽는다. 땅콩 선생은 《녹색시민 구보씨의 하루》 존 라이언 지음, 고문영 옮김, 그물코, 2002가 정말 쉽고 흥미진진하게 쓰인 책이라고 생각했다. 그런데 어떤 이들은 이 책이 딱딱하고 어렵다고 한다. 왜 이런 차이가 생겨날까? 취향이 다르기 때문이다.

호러 영화 마니아도 있지만 호러 영화 근처에도 가고 싶어 하지 않는 사람도 있다. 사람들은 이것을 당연하게 생각한다. 서로 취향이 다르니까. 그런데 책에 대해서는 이 취향을 별로 인정하지 않으려는 것 같다. 그냥 '양서'가 있고 교사는 마땅히 양서를 권해야 한다고 생각하는 것이다. 물론 양서를 읽으면 좋다. 그것도 재미있게 읽을 수 있다면 더욱 좋다. 하지만 어떻게 첫술에 배부를 수 있을까? 우리는 평소에 책 한 권도 읽지 않는 다수의 학생들을 상대하고 있다는 것을 잊어서는 안 된다.

《오래된 미래》 헬레나 노르베리 호지 지음, 양희승 옮김, 중앙북스, 2007나 《지구를 살리는 7가지 불가사의한 물건들》 존 라이언 지음, 이상훈 옮김, 그물코, 2002과 같은 책을 즐기는 학생도 있겠지만, 《나는 남자보다 적금통장이 좋다》 강서재 지음, 위즈덤하우스, 2004를 읽는 편이 훨씬 편안한 학생들도 많을 것이다. 교사가 원하는 메시지를 100% 잘 담고 있는 책을 권하는 것도 필요하지만, 메시지를 살짝 양보하고 더 쉽고 흥미롭게 쓰인 책도 섞어서 목록을 작성하는 지혜가 필요하다. 우리는 일단 읽히는 것을 목표로 한다는 것을 잊지 말자. 읽고 싶은 책, 읽을 수 있는 책을 권해야 한다.

즐거움을 주어야 한다

우리는 왜 책을 읽을까? 책을 즐겨 읽는 사람들은 하나 같이 책 읽기의 즐거움에 대해 말한다. 한 번이라도 읽기의 즐거움에 빠진 경험이 있는 사람들은 다시 책을 찾게 된다. 책 읽기를 권하는 교사가 첫 번째로 노리는 점은 바로 이것이어야 한다. 즐거움의 체험. 뜯어 말려도 읽을 정도로 책에 빠져들 수 있게 한다면 정말 좋겠지만, 그 정도는 아니어도 '어라? 책 읽기도 그런대로 괜찮네?' 하는 생각을 하게 된다면 이미 목표를 차고 넘치게 성취한 것 아니겠는가?

즐거움을 주는 도서목록을 만들어내는 일은 말하기는 쉽지만 성취하기 쉬운 일은 아니다. 무협소설이나 로맨스소설이 아닌 다음에야 평소에 책을 전혀 읽지 않는 다수의 학생들에게 손에 땀을 쥐게 하는 스릴이나 가슴 두근거리는 낭만을 줄 수는 없는 일이기 때문이다. 하지만 적어도 유사한 책이 몇 권 있고 그 가운데 한 권을 골라야 한다면, 두껍고 폼 나는 책을 고르기보다는 재미있는 책을 고르는 일이 중요하다. 재미있게 잘 읽히는 책은 문장이 좋은 책이다. 물론 좋은 내용이 더 근본적인 요건이지만, 같은 주제, 같은 내용을 다루고 있는 책이라면 쉬운 문장으로 된 책을 고른다.

선택할 수 있어야 한다

한두 권의 책을 권한 뒤 반드시 그 책을 읽고 독후감을 쓰도록 하기보다는 여러 권의 책이 포함된 목록을 작성하는 것이 좋다. 사람은 자신이 선택했다고 믿는 일에 더 적극적으로 행동한다. 수고스럽더라도 도서목록은 조금 긴 편이 좋다. '조금 긴 편'은 어느 정도로 긴 목록을 의미할까? 땅콩 선생의 경우에는 7~10권 정도를 제시한다. 목록이 이보다 길어지면 과제를 제시할 때 책 한 권 한 권에 대해 충분히 안내하기가 어렵다. 그리고 너무 긴 목록은 선택의 고통을 크게 만든다.

이런 요건들을 골고루 갖춘 도서목록을 작성하기 위해서는 어떻게 해야 할까?

첫째, 계속 관심을 가져야 한다. 좋은 책을 읽었을 때, 좋은 책을 추천받았을 때, 눈길을 끄는 서평을 만났을 때, 언제든 내가 도서목록을 작성하고 있음을 기억하자. 땅콩 선생은 1년 내내 도서목록을 작성한다. 지난해에 추천했을 때 반응이 좋지 않았던 책을 빼고 새 책을 목록에 넣는 작업을 계속하는 것이다. 최신 경향까지 잘 반영된 도서목록은 계속적인 관심을 먹고 진화한다.

둘째, 추천하기 전에 읽어야 한다. 보지 않은 영화를 다른 사람에게 권하는가? 가보지도 않은 여행지를 다른 사람에게 권하는가? 다른 것은 그렇게 하지 않으면서 어째서 책에 대해서는 예외를 만들까? 먼저 읽자. 정말 권할 만한가를 검토하고, 그리고 난 뒤에 권해도 늦지 않다. 교사가 정신 못 차리고 빠져들 정도의 책이어야 학생들이 겨우 겨우 읽는다. 그 책이 그럴 만한 책인지를 읽어보기 전에는 아무도 모른다.

한마디로 말해 공들여서 도서목록을 작성해야 한다는 이야기이다. 그리고 이렇게 도서목록을 작성하였다면 내가 만든 도서목록에 자부심을 가지고 권해야 한다. 세상에는 정말 많은 책이 있고 추천 도서목록도 정말 많지만, 나만큼 우리 학교 아이들에 대해 잘 아는 사람이 어디 있겠는가? 내 목록이 최고다. 자신을 갖고 권하라.

학교 사정이 허락한다면 학생들에게 추천하기 전에 학교 도서관에 해당 도서를 갖춰 놓는다. 최근에는 도서 구입 예산이 많이 늘어서 교사가 관심과 열의만 있다면 별 어려움 없이 학생들에게 읽히고 싶은 책들을 도서관에 갖추어 놓을 수 있다.

시도 때도 없이 책 권하기

요즘과 같이 신나고 재미난 것들이 넘쳐나는 세상에서, 학생들에게 책을 읽게 하는 데에는 노력이 필요하다. 가장 좋은 것은 시도 때도 없이 책을 권하는 것이다.

수업시간에 GDP와 경제 성장에 대해 공부하고 있다면 《경제 성장이 안 되면 우리는 풍요롭지 못할 것인가》 더글러스 러미스 지음, 김종철 옮김, 녹색평론사. 2002를 권한다. 합리적인 소비에 대해 공부하고 있다면 《어플루엔자》나 《불행한 재테크 행복한 가계부》 제윤경 지음, 티비, 2007를 권한다.

땅콩 선생은 수업시간 중에 햄버거에 대한 이야기를 다루고, 이 내용이 《녹색시민 구보씨의 하루》와 《맛있는 햄버거의 무서운 이야기》 에릭 슐로서 지음, 노순옥 옮김, 모멘토, 2007에 나온 것임을 알려준다. 그리고 얼마 뒤 독후감 숙제를 내줄 때 지금 추천하는 이 책이 그때 소개했던 바로 그 책임을 알려준다. '이미 넌 이 책에 대해 알고 있어'라고 알려주는 셈인데, 이것은 이중의 효과가 있다. 학생들은 그 책이 자신도 읽을 수 있는 쉬운 책이라고 생각한다. 왜냐하면 이미 내용을 알고 있고, 제목도 들어본 책이니까. 접근하기가 훨씬 쉬워지는 것이다. 또 독후감 숙제를 내주면서 책 소개를 할 때 수고를 줄일 수 있다.

"알지요, 이 책? 전에 수업시간에 소개한 적이 있잖아요."

지금 수업하는 내용과 관계없어도 최근에 재미있게 읽은 책이 있다면 그 책을 소개하는 것도 좋다. 교무실의 책꽂이에 교과서와 교사용 지도서, 참고서와 문제집만 꽂아놓지 말고 학생들이 관심을 가질 만한 책을 꽂아두자. 얼마 전에 땅콩 선생은 《경제 속에 숨은 광고 이야기》프랑크 코쉠바 지음, 강수돌 옮김, 야요 가와루마 그림, 초록개구리, 2006 라는 책을 책꽂이에 꽂아두었는데, 한 학생이 관심을 가지기에 빌려주었다. 그 학생은 친구에게 그 책이 재미있었다고 소개했고, 그러자 그 친구가 다시 책을 빌렸다.(당연한 일이다. 이 책은 초등학생을 주독차층으로 겨냥해서 출판된 책이니까.) 이렇게 입소문으로 여러 명의 학생들이 책을 읽게 되기도 한다. 적어도 책에 관한 한 교사가 '재미있다' 고 한 것보다는 친구가 '재미있다' 고 한 말이 훨씬 힘을 발휘하지 않겠는가.

수업시간에 학생들에게 나누어 주는 학습지에도 요점 정리와 탐구 과제, 연습 문제만으로 한정하지 말고 가끔씩 책을 소개해 보는 것도 좋다. 하여튼, 시도 때도 없이 책을 권하자. 아무도 귀 기울여 듣지 않는 것 같지만, 꽤 효과가 있다. 모든 학생들이 그 책을 읽지는 않지만, 적어도 몇 명은 그 책에 관심을 가질 것이고 또 읽기도 할 것이다. 요즘 아이들은 책을 읽지 않는다고 한탄하면서 아무것도 하지 않는 것보다는 확실히 효과가 있다.

독후감 쓰기 숙제를 내줄 때에는 그냥 도서목록만 인쇄해서 나눠주지 말고 추천하는 책에 대해 일일이 소개하는 것이 좋다. 이 책은 이 정도 난이도의 책이고 대략 어떤 내용을 담고 있다, 정도의 정보만 알려줘도 학생들은 훨씬 더 많은 관심을 갖는다. 적어도 이날만큼은 교사가 약장사가 되어야 한다. 재치 있는 이야기 솜씨로 학생들을 책의 세계로 인도해야 한다. 홈쇼핑 채널에서 활약하는 쇼 호스트를 염두에 두어도 좋다. "절대로 후회 없는 선택, 오래된 미래!"하는 식으로 말이다.

맛나게 소개하는 방법은 여러 가지가 있다.

문제 내기

퀴즈 형태로 문제를 내는 것이다. 예를 들어 《지구를 살리는 7가지 불가사의한 물건들》이라는 책을 소개하고자 한다면 '지구를 살리는 7가지 물건은 무엇일까?' '이 7가지 물건은 각각 무엇에 대한 대안으로 제시된 것일까?' 와 같은 문제를 내면서 책을 소개할 수 있다.

어린이 책 이용하기

최근에는 어린이 책들이 굉장히 다양하게 출판된다. 그 가운데에는 어려운 내용을 쉽게 풀어 소개한 책도 꽤 된다. 이걸 이용하자. 땅콩 선생은 《걸어서 가요》 D.B.존슨 지음, 김서정 옮김, 달리, 2003라는 그림책을 준비했다. 그림책의 주요 장면을 디카로 찍어서 학생들에게 보여준다.(알씨나 파워포인트를 활용하면 된다.) 그리고 이 재미있는 일화가 소로우의 《월든》헨리 데이빗 소로우 지음, 강승영 옮김, 이레, 2006에 나오는 일화임을 알려준다. 학생들은 나머지 일화가 궁금해지고 또 그림책으로 만들만큼 쉽다면 나도 읽을 수 있을 것이라 생각한다. 그러면? 읽겠지.

매체 활용하기

추천하려는 책이 마침 〈TV 책을 말한다〉와 같은 프로그램에 소개되었다거나 신문 서평란에 실렸다면 그것도 활용한다.

친구들이 추천하기

친구들이나 선배들의 독후감을 적극 활용한다. 본격적으로 쓴 독후감을 활용할 수도 있지만 다음과 같은 간단한 추천 글도 효과가 있다. 이 추천 글은 왕색종이(가로 세로의 길이가 모두 일반 색종이 비해 두 배인 색종이이다. 그러니까 면적은 일반 색종이의 네 배이겠지? 땅콩 선생이 특별 주문 제작한 것이 아니라 그냥 시중에 파는 색종이이다.)를 이용한 것이다. 왕색종이 자체가 학생들의 흥미를 심하게 유발하기 때문에(대부분의 학생들이 이걸 처음 본다고 했다.) 한 장씩 나눠주고 친구들에게 읽어본 책에 대한 추천 글을 쓰라고 하면 이처럼 훌륭한 결과가 나온다. 혼자서 한 장을 다 사용하도록 할 수도 있고, 종이를 네 면으로 나누어 하나의 책을 네 명이 함께 추천할 수도 있다. 땅콩 선생은 이것을 모아서 학급별로 책으로 묶어주기도 했다.

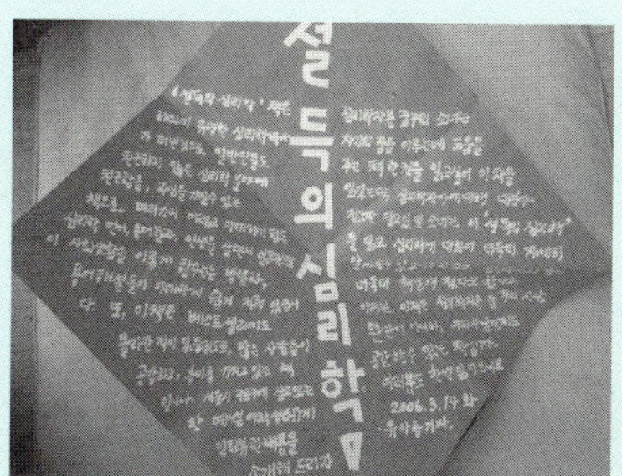

혼자서 왕색종이를 이용해 책 추천하기

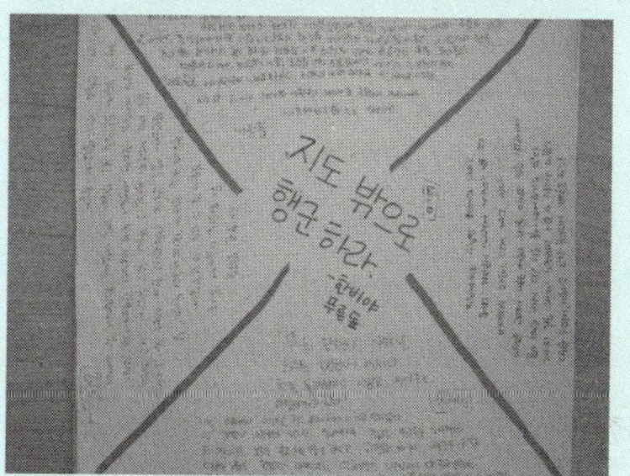

네 명이 왕색종이를 이용해 추천 글 쓰기

책으로 묶은 모습(너무 튀어서 입는 것을 포기한
치마를 이용해서 표지를 만들었다.)

펼친 모습

① 왕색종이 2장과 풀을 준비한다.

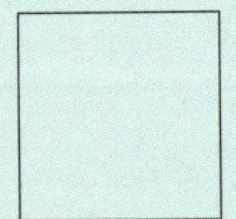 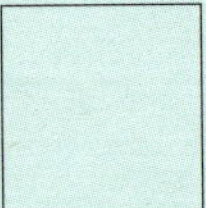

② 각각 가로 세로 반으로 접는다.

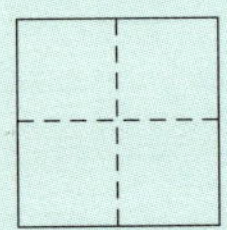 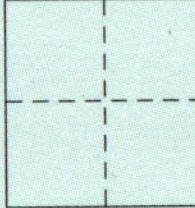

③ 뒤집어서 대각선으로 접는다.

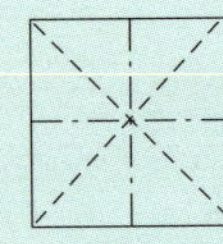 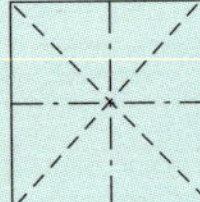

④ 대각선으로 접은 선을 안으로
   밀어넣어 사각주머니를 만든다.

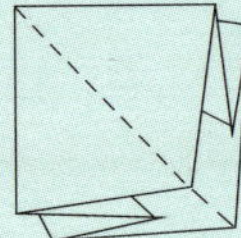

⑤ 열리는 면을 같게 하여 풀칠한다.

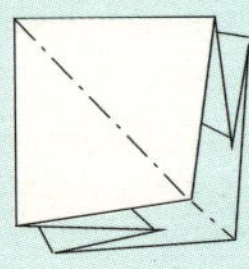 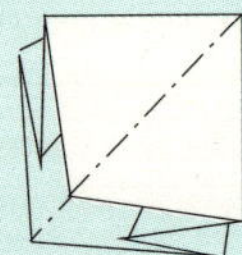

⑥ 펼치면 다음과 같은 모습이 된다.

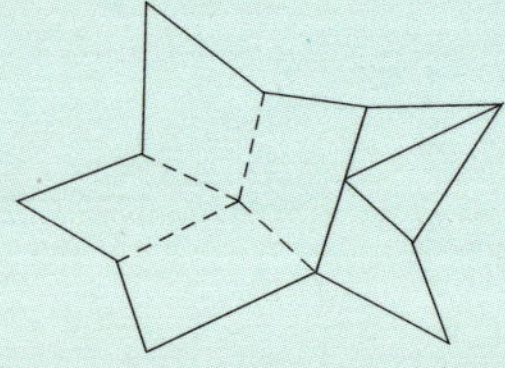

질문과 응답을 활용한 독후감 쓰기

질문과 응답을 이용한 독후감 쓰기는 책을 읽으면서 떠오른 질문 세 개를 쓰고 그에 대한 답변을 적는 방법으로 독후감을 쓰는 것이다.

질문과 응답을 이용한 글쓰기는 짜임새 있는 글을 수월하게 쓸 수 있도록 도와준다.

첫째, 질문과 응답을 이용한 글쓰기는 책 속에 담긴 논리적인 짜임을 잘 파악할 수 있도록 도와준다.

논리적인 짜임을 가지고 있는 글들은 보통 다음과 같은 내부 구조를 갖추고 있다.

중심 질문과 중심 답변, 그리고 중심 질문에 대한 질문을 찾기 위한 하위 질문과 하위

중심 질문	
하위 질문 1 →	하위 답변 1
하위 질문 2 →	하위 답변 2
하위 질문 3 →	하위 답변 3
중심 답변	

답변들을 찾아나가면서 읽으면 책의 내용을 파악하는 데 크게 도움이 된다. 예를 들어 보자. 헬레나 노르베리 호지의 《오래된 미래》에서 중심 질문과 하위 질문을 찾아보면 다음과 같다.

중심 질문 : 우리가 추구해야 할 바람직한 발전 방향은 무엇인가?

하위 질문1 : 산업화 이전 라다크 사람들은 어떻게 살았을까?

하위 질문2 : 산업화 이후 라다크 사람들의 삶은 어떻게 바뀌었는가?

하위 질문3 : 산업화와 국민 소득의 증가는 사람들을 행복하게 해주는가?

이 책은 중심 질문과 그에 대한 답변을 찾기 위해 던진 세 개의 하위 질문(중심 답변 – 결론으로 가기 위한 일종의 징검다리로 이해할 수 있다.)으로 구성되어 있다. 이렇게 질문을 찾아내고 나면 답을 찾기만 하면 된다. 책 내용을 구조적으로 잘 파악할 수 있는 것이다.

둘째, 질문과 응답을 이용한 독후감 쓰기는 글쓰기의 어려움을 덜어준다. 독후감은 책을 읽고 쓴다는 특징이 있지만, 기본적으로 글쓰기이다. 학생들이 글쓰기를 어려워하는 것은 막막하기 때문이다. 무슨 이야기를 해야 할지 난감하기만 하다. 이럴 때도 질문과 응답 형식의 도움을 받을 수 있다. 책을 읽은 후 생각나는 것들을 세 개의 질문으로 정리하기만 하면 되는 것이다. 그리고 그에 대한 답을 쓰면 끝! 자신의 글쓰기를 보다 완결적으로 발전시키고 싶다면 하나의 질문과 하나의 답변을 한 단락으로 구성하여 연결하면 된다.

행복을 배우는 경제수업

땅콩 선생이 요구하는 독후감의 형식은 "세 개의 질문과 세 개의 응답"이다. 더 많이 바라자면 중심 질문을 찾고 그에 맞추어 하위 질문을 설정하도록 하는 것이겠지만, 한 번 시도에 너무 많은 것을 바랄 수는 없는 노릇이다.

부수적으로 얻을 수 있는 막강한 효과도 있다. 이건 인터넷에서 긁어 와서 해결할 수가 없다. 이런 형식으로 독후감 쓴 것을 인터넷에서 찾기보다 직접 쓰는 편이 더 수월할 것이다.

학생들이 제기한 질문 가운데에는 쓸 만한 것도 굉장히 많아서 이듬해에 독후감 숙제를 내줄 때에는 올해에 제기된 질문 중 알짜배기를 추려 소개하기도 한다. 세 개 다 그 질문을 이용하면 안 되지만, 하나 정도는 본보기 질문을 그대로 활용해도 좋다고 알려준다. 짐을 하나 던 셈이니 학생들도 좋아하고, 지도하는 교사도 제대로 방향을 잡아줄 수 있으니 좋다. 누이 좋고 매부 좋고. 도랑 치고 가재 잡고.

Q 나의 하루의 생활을 적어보고 구보 씨의 하루와 비교해 보고 느낀 점을 이야기해 보자.

A 나의 하루 – 아침에 눈을 비비고 일어나 이부자리와 침대를 정리한다. 약간의 맨손 체조를 한 후에 화장실로 가서 향이 있는 비누로 세수를 하고 불소가 들어있는 치약으로 이를 닦는다. 로션을 얼굴에 바르고 머리를 빗은 다음 면으로 만들어진 하늘색의 티셔츠와 청바지를 입었다. 여러 가지 곡물과 견과가 들어있는 미숫가루와 토마토로 아침 식사를 했다. 그리고 학교의 특기적성 교육을 받고 집으로 오자마재(학교가 가깝기 때문에 걸어서 다님.) 컴퓨터를 켰다. 음악파일을 열어 내가 좋아하는 음악을 지정

한 후 컴퓨터 모니터만 껐다. 음악을 들으면서 점심으로 피자를 시켜 먹고, 간식으로 아이스크림을 먹은 후에 밖에 나가 자전거를 탔다. 집에 오니 너무 더워 냉장고에서 페트병에 든 이온음료를 마시고, 샤워를 했다.

그리고 에어컨을 온도 26도에 맞추고 2시간 돌렸다. 신문을 본 다음 사설 부분은 오려 연습장에 붙였다. 내 방으로 가서 선풍기를 틀어 놓고 소설책을 읽었다. 할머니께서 오라는 전화가 걸려 와서 우리 가족은 자동차로 할아버지 댁에 갔다. 가는 동안 MP3 듣고 갔는데 요즈음 산 것이라서 품질이 우수했다. 핸드폰이 울려 전화를 받았는데 봉사활동을 같이 가자는 친구의 전화였다. 엘리베이터를 타고 올라가는 동안 헝클어진 내 머리를 고쳤다. 할머니께서 만들어 주신 구수한 된장찌개와 생선구이를 먹고, 집으로 돌아와 TV를 본 후 샴푸로 머리를 감고 세수를 한 다음 잠을 청했다.

나와 구보 씨와의 비교와 느낀 점

나와 구보 씨의 일과는 차이는 있지만 많은 양의 쓰레기 배출과 소비활동 중에 생기는 엄청난 양의 자원소비량이 같다는 점에서는 두 말할 나위가 없다. 오히려 구보씨보다도 내가 더 많은 양의 자원을 소비하는 것 같다. 왜냐하면 이 책을 펴낼 때보다도 더 많은 세월이 흘렸고 하루하루가 엄청난 속도로 많은 변화를 하며, 기업들은 발전된 다양한 많은 물건을 내놓기 때문이다.

나 역시 구보 씨와 마찬가지로 자신을 소비자로 느껴본 적이 없기에 내가 버리는 쓰레기나 소비 자원에 대해 전혀 신경을 쓰지 않고 하루를 시작한다. 우리는 왜 그것을 몰랐을까? 너무나 무관심했던 것이다. 우리의 편한 삶만큼 지구가 오염되고 파괴되어 간다는 것을 몰랐던 것이다. 단지 재활용 쓰레기의 분리수거를 잘한다고 우리는 우리가 무슨 환경운동가나 된 양 우쭐하게 살아왔던 것이다.

솔직히 나는 처음 이 책을 읽고 소비생활을 하지 말라는 뜻이라고 생각해서 '그렇다면 인간은 이 세상에 태어나지 말았어야 했나?' '그럼 이 작가는 이 책을 왜 쓴 거지? 책의 종이 한 장, 한 장들이 소비되고 있지 않는가?' '자동차보다 자전거를 사용하라고? 자전거 사용하면 대기오염으로 건강에 해로울 텐데……. 또한 땀나고 하니까 집안에서 샤워하면 물 값이 드니까 더 많이 소비가 되고 있잖아.' 등등 이 책에 대해서 하나도 공감하고 싶은 내용이 없었다.

그렇게 생각한 후 며칠 뒤에 다시 한 번 책을 읽어보았을 때 '작가가 독자들에게 말해 주고 싶은 말이 이것이었구나' 하고 지금까지 내가 생각했던 것들이 잘못되었다는 것을 알 수 있었다.

하루에 내가 무심코 사용하는 물건들, 먹는 것들을 따지고 볼 때 곳곳의 여러 나라들의 원료나 물품들이 그 곳 사람들의 손길이 닿았다고 생각하니 실로 놀랍기만 하다. 그 과정에서 생기는 엄청난 양의 쓰레기와 오염물질이 이렇게 많을 줄은 상상도 못했다.

내 몸은 우리나라에 있지만 세계 곳곳에 쓰레기와 오염물질을 만드는 데 일조를 한 것임에는 틀림이 없다. 구보 씨처럼 나도 모르는 사이에 내가 지구를 죽이는 범죄자가 되었던 것이다.

Q 이 책을 통해서 나와 우리 가족이 일상적으로 소비하는 것들에 대한 대안적 소비를 녹색 시민의 자격으로서 어떻게 노력하고 있는가?

A 부모님들은 커피 대신 유기 농산물의 녹차를 마시게 되었고, 음료수 대신 물이나 보리차를 마시고, 예전부터 빨랫줄을 이용하였지만 빨래도 한꺼번에 모아 놓았다가 하신다. 패스트푸드점을 지나갈 때면 그 맛있는 냄새에 끌려 문 앞에 서성거리다가 먹고 싶은 햄버거, 감자튀김, 콜라 등이 내 머릿속에 빙빙 돌지만 그것을 꾹 참고 집에서 엄마가 해주신 맛있는 밥과 반찬을 먹는다. 엄마는 유기농법으로 재배된 야채와 곡식을 사서 요리를 하신다. 또한 컴퓨터 사용을 줄이도록 노력하고 있고, 조금 쉬는 동안에는 모니터만이라도 꺼놓는다. 가족들과 놀러 갈 때나 친척들을 방문할 때면 자동차가 아닌 대중교통을 주로 이용하고, 혼자서 다닐 때에는 짧은 거리는 걷고, 조금 긴 거리는 자전거를 타고 다닌다. 책 등도 도서실에서 빌려보거나 친척들과 바꿔보고, 꼭 필요한 책은 재활용을 많이 사용한 책을 구입하도록 한다.

이렇듯 우리 가족은 소비생활의 패턴을 바꿀 수 있게 되었다. 또한 《녹색시민 구보씨의 하루》 중에서 '녹색 시민들이 해야 할 일'을 집안이나 자동차 등 우리 가족들이 볼 수 있는 곳에 붙여 가족들의 소비생활에 도움이 될 수 있도록 하였다.

Q 이 책을 읽다가 예전엔 이런 환경 문제가 없었을 것이란 생각이 들었다. 현재 구보씨의 일상과 옛날 조선시대 서민의 생활을 비교해 보고 느낀 점을 말해 보자.

A 원두커피 대신 숭늉이나 차를 마셨고, 크로스컨트리용 신발 대신 짚신을 신었으며, 합성섬유의 티셔츠 대신 하얀 천의 무명옷을 입었다. 자동차 대신 두 발이나 말을 이용하고, 점심으로는 햄버거 대신 스스로 농사 지은 유기농법의 야채를 반찬으로 한 보리밥을 먹었다. 농사를 짓는 데 사용하는 거름도 지금의 화학비료 대신 인비나 퇴비를 사용하여 땅을 오염시키지 않게 하였을 뿐 아니라 땅의 질을 좋게 만들었다. 컴퓨터에 앉아서 게임이나 채팅으로 여가를 보내는 대신 마을 사람들과 정겨운 이야기를 나누며 하루의 피곤함을 풀었다.

누군가 핸드폰과 인터넷이 없는 세상에서 살고 싶다고 한 이야기를 신문에서 본 적이 있다. 왜 그 사람은 그렇게 생각했을까? 세상이 발달할수록 인간은 물질문명의 혜택을 누린다. 그럴수록 인간이 지구에게 줄 수 있는 것은 쓰레기와 오염과 파괴와 병균뿐이다. 하지만 우리는 그것을 느끼지 못하며 살아가고 있다. 또한 그 혜택을 누리기 위해 인간의 정이 사라지고 오로지 경쟁만이 남아 우리는 스트레스 속에서 다른 사람 위에 올라서기만을 바라며 살아간다. 이렇게 가다간 사랑과 인정이란 단어는 책에서만 볼 수 있는 시대가 올 것 같다.

물질문명의 혜택으로부터 조금씩 벗어나 보자. 비물질 문명을 한 가지씩 찾아서 즐겨 보자. 물질문명에서 한 가지씩 벗어날 때마다 아름다운 초록색 별 지구는 우리를 저버리지 않을 것이다.

Q 구보씨는 결론으로 '흔적을 남기지 마시오.'라고 했는데 그가 말하려는 요지는 무엇일까? 나의 생각을 담아서 적어보자.

A 현재의 삶을 살면서 흔적을 남기지 않기란 불가능한 일일 것이다.

구보 씨는 세계를 자신의 힘만으로는 바꿀 수 없지만, 오늘 그가 자전거를 타고 사무실에 출근한 것처럼 구보 씨가 하는 자그마한 일들이 변화를 이끌어낼 수 있다. 녹차 마시기, 신문 돌려보기, 찬물로 세탁하기 등 저자가 제시하는 지침들은 모두 작고 소박한 방법들이다. 노트북이나 빨랫줄과 같이 자원의 소비를 줄이는 기술을 빠른 속도로 보급하고, 효율적 개선책들을 제시하고, 자연 친화적인 생활 습관을 통해 개인 소비를 줄여야 한다는 것이다.

기업인들은 몰래 폐수를 방출하고, 노동자를 착취하여 벌은 돈으로, 큰 자동차를 몇 대씩 굴리고, 농약이 많이 뿌려진 푸른 잔디의 골프장에 골프를 치러 다닌다. 자신이 얼마나 큰 환경 파괴자라는 것을 모르면서 말이다. 기업인들뿐만 아니라 평범한 우리들 또한 많은 흔적을 남기면서 살아간다.

우리들은 살아가면서 가치 기준과 행동을 일치시키려고 애쓰고, 좀더 세심한 소비생활을 통해 지구 환경에 끼치는 나쁜 영향을 줄이도록 노력하고, 돈을 절약하고, 타인에게 모범을 보여줘야 한다.

자전거 사용, 환경 친화적인 농산물에서 악영향이 적은 생활 습관까지 지구를 과도하게 사용하지 않고 적당하게 사용하는 시민들의 모습을 보여주자.

물질의 소비를 줄이는 가장 좋은 방법은 살아가면서 늘 잊어버리기 쉬운 비물질적인 것들을 생각해 보는 것이다. 가까운 사람들과 정을 나누고 지역 사회를 사람이 살 만한 곳으로 가꾸는 데 전념하는 것은 우리를 행복하게 만들뿐만 아니라 우리가 알지 못하는 사이에 소비를 줄이게 되어 구보씨처럼 녹색 시민이 되어 흔적을 남기는 것을 줄이게 되는 것이다.

독후감을 쓰는 여러 방법들

인터뷰 형식으로 쓰기

작가나 등장인물을 인터뷰하는 형식으로 독후감을 쓴다. 결국 구조는 같다. 질문과 답변이다. 그래도 제시되는 방식이 달라지니 색다른 각도에서 독후감을 쓴다. 글로 쓰는 것이 심하게 부담스러운 학생에게는 그냥 음성파일이나 녹음테이프로 제출하는 것을 허용해도 좋다. 책을 읽고 자기 생각을 정리한다는 처음의 목표는 지켜졌으니 약간의 변형이 일어난다 해도 큰 무리는 없다.

파워포인트로 쓰기

교사가 파워포인트를 이용해 몇 차례 책 내용을 소개한 뒤여서 학생들은 쉽게 이해한다. 책 내용을 프리젠테이션 한다는 기분으로 파워포인트로 독후감을 쓸 수 있다.

녹색시민 구보씨의 하루

햄버거에 관한 명상

오늘 햄버거를 사 먹었다구?

- 구보씨는 오늘 정심을 서둘러서 먹어야 했다. 그래서 그는 회사 근처의 패스트 푸드점으로 향했다. 그곳에서 구보씨는 치즈버거 하나를 시켰고, 피클을 서비스로 받았다.

햄버거에 있는 쇠고기는---

- 햄버거에 들어 있는 100그램 정도의 쇠고기 패티는 경기도 남부에 있는 한 목장에서 길러낸 송아지 고기로 만들었겠지. 대규모 목장들은 초지를 철저하게 파괴하고 엄청난 배설물로 주변의 하천을 심각하게 오염시키게 되는 것이지

소들은 엄청나게 먹는다

- 송아지가 먹은 500그램의 사료는 100그램 정도의 살코기 조직으로 변한다.
- 100그램의 햄버거 고기를 생산하려면 2천 리터 이상의 물이 필요하다.
- 100그램의 고기를 생산하면 500그램의 표토가 상실된다.

치즈도 문제다

- 햄버거 위에 잇힌 치즈 한 쪽
- 치즈는 강원도 대관령 목장의 젖소에서 만들어졌다.
- 젖소의 배설물을 근처의 하천에 흘러 들어 물을 썩게 만든다.

빵은 안전할까?

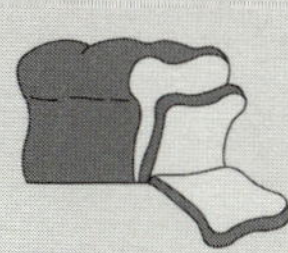

- 인천에서 제분된 밀가루로 만들어진다.
- 밀은 전부 미국에서 수입한다.
- 미국의 광대한 밀밭은 토양을 빠르게 침식시키고, 점점 더 많은 비료를 필요로 한다.

마무리! - 포장

- 계산대의 점원은 구보씨의 햄버거를 폴리에틸렌 박스에 넣어 두 장의 냅킨과 함께 하얀 종이 가방에 담아 주었다.
- 일회용품 사용에 대해서는 더 길게 언급하지 않으려다.

녹색 시민은 이렇게 합시다

- 소고기를 적게 먹어라. 농장에서 대규모로 사육된 것은 어느 것이나 자원을 엄청나게 사용하지만, 그 중에서도 붉은 살코기들은 낭비가 심하다.
- 햄버거를 멀리 하라. 잡곡밥은 건강에도, 미용에도, 지구에도 좋다.

그림으로 표현하기

이러니저러니 해도 글로 자신의 생각을 표현하는 데 어려움을 느끼는 학생들을 위하여 마인드 맵, 만화 등의 방법을 활용해 독후감을 쓸 수 있도록 한다.

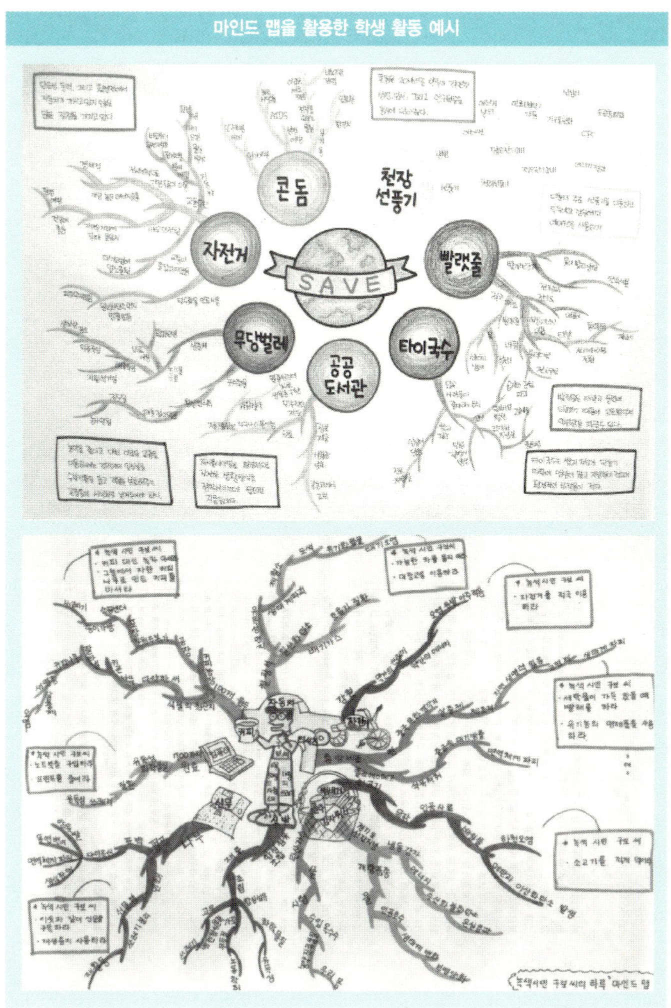

175

1. "부자 엄마 부자 딸" 에 대해 인터뷰를 통해 알아보도록 하겠습니다.

Q 안녕하세요. 이 책은 무엇에 대해 말하고 있습니까?

A 이 책은 21세기에 빠르게 변화하는 사회에서 우리나라 여성들이 과거와 같이 남자에 의존해 살아갈 수 없다는 것을 밝히면서 여성의 역할이 바뀌고 있음을 말합니다.

Q 이 책이 다른 부자 만들기 책과 다른 점은 무엇입니까?

A 다른 부자 만들기는 보통 남성의 역할을 강조하고 남자가 열심히 돈을 벌어 가족을 부양해야 한다는 식이지만 이 책은 그것을 부정하면서 여성의 역할을 강조하고 있습니다.

Q 여성의 역할의 강조라고 하셨는데, 그렇다면 작가는 앞으로 현대사회를 살아갈 여성이 갖춰야 할 것은 무엇이라고 하셨습니까?

A 일단 "입맞출 개구리도, 야수도, 신데렐라도 없다"라고 말하면서 깊게 자리 잡혀 있던 신데렐라 정신을 버려야 한다고 주장했습니다. 또한 디지털로 요약되는 현대사회에서 여성은 지식과 기술과 정보의 3요소를 갖춰야 한다고 말했고 능력을 키워 그 탁월한 능력으로 장소에 얽매임 없이 자유롭게 그리고 창조적으로 사고해야 한다고 말하고 있습니다.

Q 그렇다면 책에 나오는 성공한 여성들(딸들)의 공통점은 무엇입니까?

A 자신이 번 돈으로 생활을 하고, 또 결혼 후에도 자기만의 돈을 가지고 있습니다. 여자가 결혼 후에 직업을 그만두는 것이 일반적이라는 생각을 하고 있어서 여자가 자기만의 돈을 갖는 것이란 거의 불가능한 일이다. 물론 결혼 후 또 출산 후에도 자신의 일을 계속하고 있습니다. 자신이 진짜 하고 싶은 일을 찾기 위해서 많은 노력을 했고, 지금 하는 직업을 좋아하고, 열심히 하고 있습니다. 또 지금의 상태에 만족하

지 않고, 계속해서 자기계발을 하고 자신의 분야에서 전문가가 되기 위해 노력한다는 것입니다. 또 그 뒤에는 항상 조언을 해 주는 조언자이자 든든한 후원자이신 엄마가 계신다는 것입니다. 가장 중요한 것은 이들은 마음이 행복한 진정한 부자라는 것입니다.

Q 그렇다면 성공한 딸들을 만드는 엄마들의 노력은 어떤 것이 있나요?

A 일단 우리나라의 엄마들은 열심히 공들여서 과외와 학원과 조기유학 등을 해주는 경우가 있는데, 이것 역시 중요하긴 하지만 정말로 중요한 것은 딸의 재능을 발견해 주고 그에 맞는 역할 모델을 찾아주는 것이 중요합니다. 또한 올바른 역할모델을 찾아주기 위해서는 열심히 과외나 조기유학보다는 오히려 밖으로 내보내서 사회 경험을 쌓게 하는 것이 더 중요합니다. 또 사회에 나가서 기죽지 않을 만큼 넉넉한 배짱도 키워줘야 합니다. 또 남자를 잘 만나라는 말보다는 자기만의 돈을 만들어서 갖고 있는 것의 중요성을 먼저 인식시키는 것이 더 중요합니다.

Q 마지막으로 작가가 독자들에게 무엇을 일깨워주기 위해서 이 책을 썼다고 생각하십니까?

A 21세기는 이제 여성의 시대라고 말할 수 있습니다. 이제 신데렐라의 시대는 가고 당당한 직업 여성이 인정받는 시대입니다. 자신만의 꿈을 가지고 자신에게 맞는 일을 하는 여성이 당당하고 아름다운 여성으로 인정받는 시대임을 알고 그에 맞게 우리의 여성들도 변화해야 한다고 주장하고 있습니다.

2. 이 책을 보고 느낀 개인적인 느낌을 인터뷰를 통해 알아보겠습니다.

Q 처음에 이 책을 읽게 된 동기는 무엇이었어요?

A 이 책은 경제수행평가 목록에 있던 책이었는데요. 처음에는 《어딸멋져》와 《부자 엄마 부자 딸》을 두고 갈등을 했지만 서점에 가서 《부자 엄마 부자 딸》을 선택해서 읽기 시작했어요.

Q 책장을 처음 펴서 부자 아빠 가난한 아빠 부분을 읽었을 때는 어떤 생각이 들었어요?

A 이 부분에서 가장 기억에 남는 건 두 가지예요. 하나는 여자가 꼭 자신만의 돈과 통장을 가지고 있어야 된다는 거예요. 결혼을 한다고 해도 자신만의 돈은 꼭 필요하다는 거죠.

또 한 가지는 신데렐라를 맹렬히 비판했다는 거죠. 신데렐라는 정말로 여자애들이 어렸을 때부터 계속 들어오고 꿈꿔 왔던 이야기인데 한순간에 그 오랜 꿈을 무너뜨렸다는 것 자체가 충격이었어요. 신데렐라를 친정 부모님께 용돈조차 드리지 못하는 초라한 인물로 떨어뜨렸으니까 말이에요.

Q 책에서 먼저 사회를 경험하고 부자가 된 언니들의 이야기를 읽으면서는 어떤 생각을 하셨어요?

A 일단은 멋지다는 생각을 했어요. 부럽다는 생각도 했구요. 지금 공부하는 게 너무 힘들어서 차라리 사회생활하는 게 더 나을 거라고 생각했거든요. 하지만 언니들의 이야기를 읽을수록 사회생활이 힘들다는 것을 알게 되었어요.

특히 우리나라에서는 여자들이 사회생활하는 건 더 힘들 테니까요. 아직은 남녀차별주의가 심한 나라잖아요. 그런 남자들의 벽을 뚫고 당당하게 우뚝 서 있는 언니들을 보면서 존경스럽기까지 했어요.

제가 사회생활을 할 때쯤이면 많은 언니들이 많은 벽들을 허물어서 더 편할 테지만, 이 책에 나와 있는 언니들은 얼마나 힘들었을지……. 정치부 기자 언니인 김소희 언니도 많이 힘들었다고 하는 걸 봤어요. 그래서 더 감사해요. 다음 세대에는 더 편하게 할 수 있겠죠?

Q 이 책을 다 읽고 자신의 생각에 변화가 생겼다면 어떤 변화인가요?

A 얼마 전에 MBC에서 방영된 "결혼하고 싶은 여자"라는 드라마가 생각났어요. 말 그대로 결혼하고 싶은 여자들 3명이 나오는데 모두 다 능력 있는 커리어 우먼들이었죠. 역시 이제는 외모가 아닌 능력이 경쟁력이라는 생각이 들었어요. 또 지금 하는 공부는 경쟁력을 키우기 위한 단계라는 생각이 들게 되었어요. 지금 뒤에서 뒷바라지 해

주시는 우리 엄마도 부자 엄마를 만들어 드리고 저 역시 부자 딸이 되기 위해서 노력을 해야 하겠다는 마음가짐도 다잡아 보았구요. 마지막으로 더 이상 여자들을 남자에게 기대어 살아서는 안 된다는 생각을 하게 되었습니다. "~아내"라는 말보다는 나 자신으로서 승부하고 스스로가 당당하게 사회 앞에 맞설 수 있는 그런 여성이 될 수 있었으면 좋겠다는 생각을 했어요.

앞으로 대한민국의 많은 여자들이 능력 있는 여성으로 바뀔 수 있었으면 좋겠다는 생각을 했습니다.

3. 만약 토론회를 한다면 가능한 질문은 무엇이 있을까요?

- 과거의 여성, 그러니까 현모양처라는 말로 일컬어질 수 있는 사람들과 현대의 여성, 커리어우먼이라고 말할 수 있는 사람들 사이의 가장 큰 차이점은 무엇입니까? 또 과거에서 현재로 변화하는 여성의 변화 상이 바람직하다고 생각하십니까?

- 과거의 부자와 현대의 부자는 차이가 있다고 말하고 있었습니다. 그중 가장 큰 차이점은 무엇입니까?

- 여성의 변화는 우리나라에서만 일어나는 것이 아니라 전세계적으로 일어나고 있는데요. 이에 대해 세계는 어떻게 대응하고 있습니까?

- 한국에서 여성의 변화에 발맞춰서 조금씩 변화가 일고 있습니다. 남성만이 할 수 있을 것이라는 직업에도 조금씩 여성들이 진출하고 있는데요, 책에 나와 있는 직업 외에도 여성이 조금씩 늘어나는 직업에는 무엇이 있나요?

- 여성의 변화로 인해 경제에 변화가 있을까요? 또 있다면 어떻게 변화하게 될까요?

짬짬이, 즐겁게 하는 경제수업

그림카드를 이용한 경제 스펀지

너무 거창하고 품이 많이 드는 수업에 질려서 이 책을 덮어버리고 싶은
이도 있을 것이다. 잠깐! 6장에서는 짬짬이, 즐겁게 해볼 수 있는 수업방
법을 소개하려고 한다. 어떤 과목, 어떤 시간에도 무한 응용이 가능한 방
법들이니 기대하시길!

'짬짬이, 즐겁게'의 첫 번째는 그림카드를 활용한 경제 스펀지이다. 처음
부터 막히는 샘들이 많을 것이다. 그림카드라니? 그게 뭐야? 이런 의문이
생기는 샘들은 그간 너무 고매하게 살아오신 분들이다. 눈높이를 팍 낮추
어서 유아나 초등 저학년 아이들이 사용하는 물건들을 유심히 살펴보라.
아이들이 한글이나 외국어를 배울 때 사용하는 카드가 있다. 보통 한쪽
면에는 그림, 또 한쪽 면에는 글자가 적혀 있다. 그러니까 한 면에는 오

뚜기 사진이, 또 다른 면에는 오뚜기라는 글자가 적혀 있는 것이다. 이 카드를 사물카드, 혹은 그림카드라고 부른다.

그림카드로 짧은 글 지으며 시작하기

① 먼저 그림카드를 준비해야죠!

② 모둠을 구성하여 좌석을 재배치한다. 이때 카드를 이용하면 좋지만, 번거롭다면 그냥 앞뒤로 둘러 앉아 4명이 한 모둠이 되도록 하는 심플한 방법도 좋다.

③ 모둠이 구성되면 모둠 구성원 중 한 명이 앞으로 나와서 교사가 가지고 있는 그림카드 가운데 한 장을 뽑아간다. 이때 중요한 것은 골라가는 것이 아니라 뽑아가는 것이다. 학생들은 아직 과제가 무엇인지 모른다.

④ 모둠 당 1명이 나와서 카드를 뽑아가니까 모둠이 10개라면 10개의 카드가 빠져나간 것을 확인하면 모든 모둠이 준비가 된 것을 앉은 자리에서도 확인할 수 있다. 그러니 "다 준비됐나요?" 같은 질문은 할 필요가 없다.

⑤ 과제를 칠판에 적는다.

경제는 ___(뽑아간 카드)___ 이다. 왜냐하면 ___________

⑥ "오늘의 과제는 그림 카드를 이용해 짧은 글짓기입니다. 경제가 무엇인지 뽑아간 그림카드를 이용해 정의를 내려 보셔요. 경제는 (뽑아간 카드)이다. 왜냐하면 ~이기 때문이다." 아이들은 한순간 멍한 표정을 지었다

가 소란해진다. 이 카드를 뽑아온 친구를 한 대 쥐어박을 분위기이다.

⑦ 학생들의 소란을 진정시키고, 예를 들어준다. 말하자면, 이렇게.

"(배추가 그려진 카드를 뽑아 든 뒤) 경제는 배추다. 왜냐하면 크다고 해서 반드시 속이 꽉 찬 것은 아니니까."

⑧ 짧은 글짓기를 모두 마치면 모둠원이 합심해서 손뼉을 세 번 짝짝짝 치라고 알려준다. "그럼, 한번 연습해 볼까요? 박수 세 번 시작!" 그러면 짝짝짝. "한 번 더. 박수 세 번 시작!" 짝짝짝. 꼭 연습시켜 줘야 한다. 안 그러면 학생들은 쑥스러워서 박수를 잘 안 친다.

⑨ 시간이 잠시 흐르면 여기저기에서 박수 소리가 들린다. 박수 소리가 열 번 나면 모든 모둠이 과제를 마친 것이다. 80% 정도의 모둠이 박수를 쳤는데, 나머지 20%가 감감 무소식이라면 "1분 뒤에 과제를 마치고 발표하겠습니다."라고 하여 진행을 해주는 것이 좋다.

⑩ 모둠별로 돌아가면서 발표한다.

이 수업을 진행해 보면 학생들의 재기발랄함에 놀라게 된다. 주어진 주제와 뽑아간 카드 사이의 공통점을 찾아내는 그 훌륭한 솜씨에 감탄하게 될 것이다. 이 수업방법은 모든 종류 수업의 도입부에 사용할 수 있다. 경제를 처음 배운다면 경제에 대해 정의해 보라고 할 수도 있고, 민주주의에 대해 배우기 시작했다면 민주주의에 대해 정의해 보라고 할 수 있다. 학생들이 이미 그 단어를 알고 있으나 그 정확한 뜻을 정의 내리기에는 뭔가 미진하다고 느끼고 있는 개념을 대상으로 이 수업방법을 적용하는 것이 효과적이다.

이 짧은 글짓기를 통해 학생들은 해당 주제에 대한 관심과 흥미를 높이게 되고, 그 주제에 대한 간단한 토의를 할 수 있게 되는 것이다. 교사는 학생들이 이 주제에 대해 어떤 생각을 가지고 있는지 어떤 부분에서 오개념을 가지고 있는지를 파악할 수 있게 된다.

물론 이 전 과정이 게임처럼 재미있다는 것이 가장 큰 장점이다. 상상해 보라. 경제가 무엇인지 정의를 내려 보라고 하고 그냥 발표를 하게 하는 수업을. 무지하게 어렵고, 지루하고, 그 나물에 그 밥 같은 소리를 계속해서 들어주어야만 할 것이다. 그런데 그림카드를 이용하면 생기발랄하고 창의적인 정의들이 쏟아져 나온다. 받아 적고 싶을 만큼. 그래서 받아 적는다. 파워포인트 프로그램을 띄워 놓고, 학생들이 내린 정의를 받아 적어서 대형 화면으로 보여주거나 모둠별로 한 명씩 나와서 입력하라고 하고 발표할 때 해당 화면을 보여주기도 한다. 파워포인트가 번거롭다면 문서 작성 프로그램을 이용해노 된다. 글자를 아주 크게 키워서 보여주면 되는 것이다.

짧은 글 짓기의 틀거리는 다음과 같은 것들이 있다.

인권은 _____________________을 좋아한다. 왜냐하면 _____________________

민주주의는 _____________________을 싫어한다. 왜냐하면 _____________________

가족에게는 _____________________이 필요하다. 왜냐하면 _____________________

학생들은 이런 기특한 생각들을 해냈다. 무지하게 많지만 몇 개만 소개한다.

경제는 <u>모자</u>다. 왜냐하면 <u>써야 하기</u> 때문이다.

경제는 <u>호랑이</u>다. 왜냐하면 <u>거대하기</u> 때문이다.

경제는 <u>배추</u>다. 왜냐하면 <u>크다고 속이 알찬 것은 아니기</u> 때문이다.

경매 게임, 경제 원리를 찾아라

'짬짬이, 즐겁게'의 두 번째는 경매 게임이다. 이건 같이 근무하는 선생님[*]한테서 배운 것이다. 그리고 그 선생님은 어디선가 연수에서 배우셨다고 하고. 그러니까 이건 땅콩 선생의 오리지널이 절대 아니다. 하지만 오리지널이 아니면 무슨 상관! 정말 모든 학생들이 열광적으로 참여한, 즐거운 시간이었다.

① 준비물로 푸짐한 상품과 뿅망치를 준비한다. 물론 둘 다 없어도 된다.

② 칠판에 〈경매 게임〉이라고 크게 적는다. 최소한 지금 뭐하고 있는지는 알아야 하니까.

③ 모둠을 편성한다. 복잡하게 할 것 없이 앉은 자리에서 앞뒤로 4명씩 한 모둠으로 편성하면 된다. 모둠장을 정한다.

④ 사랑하는 사람에게 선물하고 싶거나 선물받고 싶은 것을 10개 남짓 부르게 하고 칠판에 받아 적는다. 처음에는 반지, 초콜릿 등의 소박한 (?) 것을 부르다가 자동차, 45평 아파트와 같은 주제넘은 것, 키스,

□ 이 자리를 빌어 이런 유익한 게임도 가르쳐 주시고, 게임 전수를 위해 기꺼이 수업도 공개해 주신 한종필 선생님께 감사드린다. 땅콩 선생이 앞서 소개한 이런 저런 엉뚱한 짓을 벌일 수 있었던 배경에는 그의 든든하고 변함없는 도움이 있었기 때문이다.

'나' 처럼 엉큼한 것까지 나온다. 검열 없이 다 적는다.

⑤ 게임 규칙을 알려준다. 칠판에 적어주면 더 좋다. 수업마다 적기 귀찮
으면 큰 종이에 미리 써서 들어간다.

게임 규칙

1. 각 모둠은 하나의 회사이며 자본금은 20만원이며, 그 돈은 반드시 모두 써야 한다.

2. 각 모둠은 경매를 통해 3가지 이상 사야 한다.

3. 각 모둠은 쪽지에 적은 품목을 가능한 많이, 가능한 싸게 사야 한다.

4. 자기 모둠에서 구입 예정 품목이 아니더라도 다른 모둠이 싼 값에 사는 것을 방해하기 위해 가격들 올려 부를 수도 있다.

5. 모둠원은 말을 할 수 없고 모둠장만 응찰할 수 있다.

6. 기본 가격을 2만원에서 출발하고 만원 단위로 가격을 올릴 수 있다.

7. 다섯을 세도 더 이상의 가격이 제시되지 않으면 그 이전까지 최고가를 제시한 모둠이 구입한 것으로 한다.

⑥ 채점 기준을 알려준다. 역시 칠판에 적어주면 더 좋다. 마찬가지로 수
업마다 적기 귀찮으면 큰 종이에 미리 써서 들어간다.

채점 기준

1. 돈을 다 썼는가?
2. 3개 이상의 품목을 다 샀는가?
3. 쪽지에 선정된 품목을 많이 샀는가?
4. 쪽지에 선정된 품목을 싸게 샀는가?

⑦ 모둠마다 쪽지에 사고 싶은 물건 3가지를 '비밀리에' 적어낸다.

⑧ 모둠장은 일어선다. 모둠장만 말할 수 있다. 한 물건이 낙찰될 때마다 뽕망치를 쳐서 낙찰을 알린다. 뽕망치 대신 학교운영위원회 때 사용하는 의사진행용 망치(의사봉)를 빌려쓰면 더 폼이 날 것 같은데, 빌려달라는 말을 못해서 아직 한번도 못해 봤다.

⑨ 한 차례 게임이 끝나면 1, 2, 3의 순위를 정하고, 1위 모둠에는 20만원, 2위 모둠에는 10만원, 3위 모둠에는 5만원을 추가로 지급한다. 모든 모둠에 새롭게 자본금 20만원을 준다. 이제 자본금 20만원인 모둠부터 40만원인 모둠까지 다양해졌다. 같은 방법으로 한차례 게임을 더 진행한다.

⑩ 1, 2, 3위를 정해 점수를 준다. 1위 100점, 2위 50점, 3위 30점 정도면 된다.

⑪ 이 게임을 통해 알게 된 경제 원리(교훈?)를 이야기하면 이야기할 때마다 점수를 준다. 점수는 10점부터 100점까지 혹은 그 이상이라도 내키는 대로 줄 수 있다. 등위에 들지 못한 모둠이 끝까지 게임을 포기하지 않도록 점수 배분을 교묘하게(!) 한다.

보드 게임으로 경제 개념 따라잡기

블루마블, 마녀들의 경주, 할리갈리 같은 보드 게임의 세계는 넓고 흥미롭다. 수업에도 보드 게임을 활용할 수 있다. 학생들이 알아야 할 주요 내용들을 담아 보드 게임을 만들어 보자. 땅콩 선생은 기본적으로 뱀 주사위 게임 세대이기 때문에 땅콩 선생이 특수 제작한 사제私製 보드 게임도 이 뱀 주사위 게임의 구조를 가지고 있다.

완성도 높게 만들 필요도 없다. 그냥 대충 만들어서 일단 한 반에서 한다. 학생들이 게임의 허술함에 대해 이것저것 지적하고 항의하면 그대로 순순히 받아들여서 게임 판을 업그레이드한다. 그리고 다음 반에 들어가서 해보고, 다시 항의받고 업그레이드하고, 이 과정을 몇 번 반복하는 과정에서 상당히 훌륭한 보드 게임을 만들 수 있다. 완성도 높은 게임으로 수업하는 것보다 훨씬 재미있다. 머리가 따라주지 않아 완성도 높은 게임을 한 번에 만들지 못하는 것에 대한 핑계가 아니다, 절대로!

보드 게임을 하려면 전지에 보드 게임 판을 그려야 한다. 땅콩 선생이 큰 종이에 매직과 크레파스로 유치찬란한 보드 게임을 만드는 것을 심란한 표정으로 지켜보던 영어 선생님께서 충고해 주셨다. 그냥 수준에 맞게 작게 만들어서 인쇄하고 코팅해서 조별로 주고 게임하게 하라고.

'앗! 그런 방법도 있구나.'

대형 주사위도 필요하다. 땅콩 선생은 대형 문구점에서 피는 주사위(스펀지가 안에 들어가 있고 매끈매끈하고 상당히 예쁘다.) 가격이 턱 없이 비싸다고 생각하기에 직접 만들었다. 교무실에 돌아다니는 상자 하나 잘라서 정말 어설프게, 얼기설기……. 그랬더니 학생들이 제기처럼 발로 차서 주사위를 던진다. 이것도 좋다. 비싼 주사위 사서 발로 차는 꼴을 보면 속이 얼마나 쓰리겠는가. 게다가 결정적으로 이건 얼마든지 개조가 가능하다. 한 학생이 주사위 게임에도 백도(윷놀이의 그 백도!)가 있어야 한다고 제안했다. 그래서 당장 고쳤다. 6을 지우고 -1로. 이게 걸리면 뒤로 한 칸 간다. 뒤따라오는 말도 잡을 수가 있으니 스릴 만점이다.

자석이 있어야 한다. 게임 판을 칠판에 고정시키기 위한(테이프 사용하면 칠판 망가지니까. 그리고 자석이 훨씬 간편하다.) 수수한 것 6개(전지 붙이려면 최소 6개는 있어야 한다.), 말로 사용할 산뜻한 색의 자석 여러 개.

이제 게임 시작하면 되겠다.

인플레이션 게임

① 주사위를 굴려 나온 수만큼 앞으로 혹은 뒤로 간다.

② 말은 업을 수도 있고 잡을 수도 있다.

③ 말을 잡으면 한 번 더 한다.

④ 인플레이션이 지속될 때 유

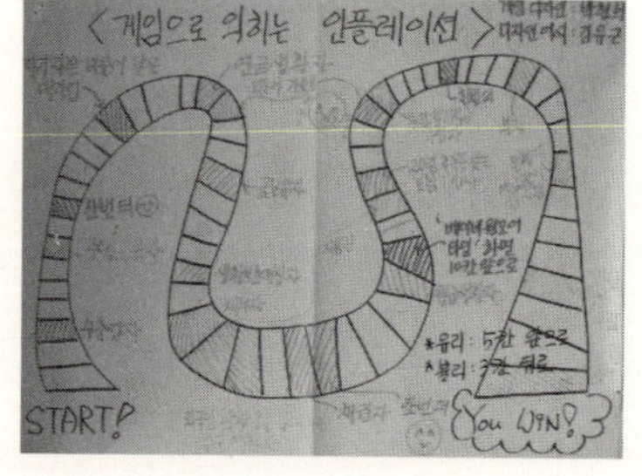

리한 경우는 앞으로 5칸, 인플레이션이 지속될 때 불리한 경우는 뒤로 3칸 간다. 틀리면 뒤로 10칸 간다.

⑤ 자기 편 말이 모두 골인 지점을 통과하면 이긴다.

⑥ 이긴 팀은 승리의 기쁨을, 진 팀은 패배의 아픔을 나눈다.(초코파이 같은 것 상품으로 걸면 교사의 주머니 사정이 나빠진다. 보다 지속가능한 상품을 생각해 내자. 땅콩 선생은 주로 '인디언 밥'을 시킨다.)

환율 게임

① 환율 오를 때와 환율 내릴 때 팀으로 학급을 반 나눈다.

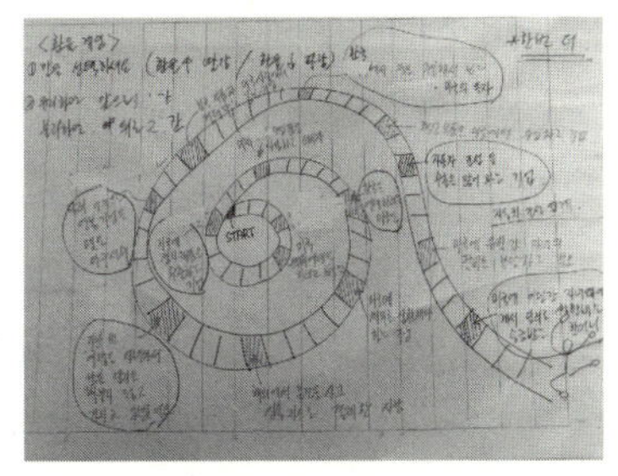

② 각 팀에서 대표를 두 명씩 뽑아 한 명은 말을 움직이고 한 명은 주사위를 던진다.

③ 주사위를 굴려 나온 수만큼 앞으로 혹은 뒤로 간다.

④ 주사위를 던져 나온 상황이 자기 팀에 유리하면 앞으로 5칸, 불리하면 뒤로 3칸 간다. 틀리면 뒤로 10칸 간다.

⑤ 말은 업을 수도 있고 잡을 수도 있다.

⑥ 말을 잡으면 한 번 더 한다.

⑦ 자기 편 말이 모두 골인 지점을 통과하면 이긴다.

⑧ 이긴 팀은 승리의 기쁨을, 진 팀은 패배의 아픔을 나눈다.

어떤 주제든, 이런 식으로 게임을 만들어서 하면 된다. 이때 중요한 것은 게임의 완성도를 높이느라 혼자서 머리 쥐어뜯지 말자는 것. 학생들이 더 잘한다. 그들에게 물어보자. 우리는 시키는 대로 하면 된다.

영상물과 함께 하는 경제수업

경제수업을 도와줄 영상물들이 수없이 많다. '지식채널 e'는 정말 상이라도 주고 싶은 프로그램이다. 여기서는 분량이 제법 되는 다큐멘터리나 영화 가운데 수업시간에 호응이 컸던 것을 중심으로 소개한다.

맨발의 의사들   SBS스페셜 2007년 8월 26일 방영

쿠바 의사들의 의료봉사 활동과 쿠바의 의료제도에 대한 다큐멘터리이
다. 계획경제체제에 대해 공부할 때 함께 보았다. 시장에 맡기지 않는 체
제에서는 경제 문제를 어떻게 해결하는지 잘 보여준다. 특히 많은 학생
들이 의대를 희망하는 자연계열 수업에 권한다. 진짜 '의사'의 삶을 보
여주기에 일석이조이다.

자잘한 질문

※ 〈맨발의 의사들〉을 보고 다음 물음에 답하시오.

① 2004년부터 베네수엘라 시작 장애인들을 위해 쿠바에서 시행하고 있는 무료 시력
   회복 수술을 무엇이라고 하나? 기적의 작전

② 백내장 수술비용은 대략 얼마 정도인가? 600달러

③ 수술을 받으면 시력을 회복할 수 있으나 돈이 없어서 수술을 받지 못하여 앞을 보지
   못하는 사람은 세계적으로 몇 명 정도 될까? 3,000만명

④ 기적의 작전에 가장 크게 반대한 사람들의 직업은 무엇인가? 안과의사

⑤ 쿠바 의료제도의 핵심으로 한 명의 의사가 몇 개의 가정(통상 150가구 600여 명)을
   책임지고 진료하는 제도를 무엇이라고 하나? 가정의 제도

⑥ 쿠바 의사들의 활동이 세계적으로 알려지게 된 계기가 된 사건은?
   2005년 파키스탄 대지진

⑦ 세계 5위의 석유수출국인 베네수엘라가 1인당 국민소득이 6천 달러 정도 밖에 되지
   않는 이유는 무엇인가? 정부의 부정부패

⑧ "마을 깊숙히"라는 뜻을 가진 말로, 2003년부터 시작된 베네수엘라 빈민지역 의료
   시설 건립 프로그램의 이름은? 바리오 아렌트로

※ 쿠바는 부유한 나라가 아니다. 그런데도 전국민 무료 의료 혜택과 다른 나라에 대한
의료 구호 활동이 가능한 까닭은 무엇일까?

※ 직업을 선택하고 직무를 수행하는 과정에서 가장 중요한 것은 무엇이라고 생각하는
가? 앞으로의 나의 직업, 장래 희망과 관련하여 답해보자.

※ 〈맨발의 의사들〉에 나오는 나라들 가운데 익숙하지 않은 곳이 많지요? 지도에서 찾아
보셔요.

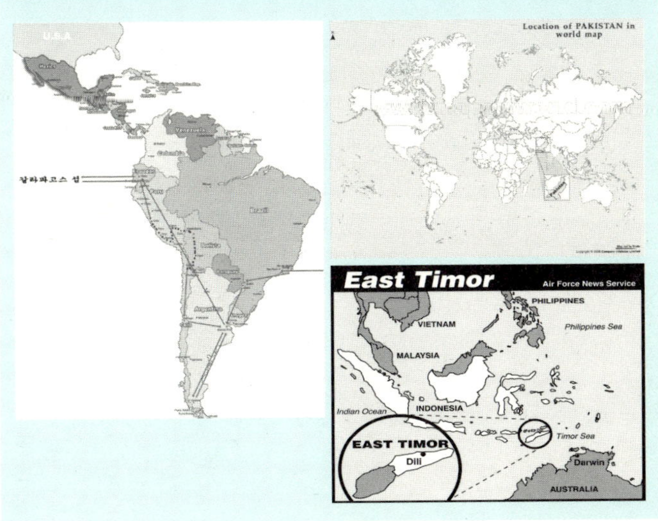

메이드 인 차이나 없이 살아보기 MBC스페셜 2007년 7월 23일~8월 22일

모두 두 편으로 구성되어 있다. 같은 제목의 책을 사면 사은품으로 주는 VCD를 이용했고, 학생들과는 1편만 함께 보았다.

<table>
<tr><td colspan="1">자잘한 질문</td></tr>
<tr><td>※ 〈메이드 인 차이나 없이 살아보기〉를 보고 다음 물음에 답하시오.</td></tr>
</table>

① 중국 제품 수입 세계 1위국은? 미국

② 중국 제품 수입 세계 3위국은? 일본

③ '메이드 인 차이나' 로 분류하는 기준 세 가지는?
   가. 생산국 기준
   나. 원산지 기준
   다. 부가가치 기준

④ 한국의 지선이네 집에서 100% 중국산이라 큰 곤란을 겪게 되었던 물품은? 우산

⑤ 지선이네 집에서 발견된 중국산 제품의 비율은? 42%

⑥ 일본 가정에서 메이드인 차이나 신발을 모두 처분하고 나서 엄마가 꺼내 신은 신발은 무엇이었나? 볼링화

⑦ 미국 가정에서 레베카가 가장 아쉬워한 물건은 무엇인가? 휴대전화와 컴퓨터

⑧ 미국 가정에서 아빠가 가장 아쉬워한 물건은 무엇인가? 텔레비전

⑨ 실험 기간 중 일본은 명절연휴였다. 이 명절의 이름은? 오봉(오봉야스미)-추석

⑩ 일본 가정에서 식탁이 없어지자 대신 사용한 물건은? 돗자리

⑪ 지선이네 집에서 우산 대용으로 사용한 물건은? 세탁소 비닐과 신문지(광고전단)

⑫ 일본 가정에서 신발을 구입하러 갔다. 아버지와 아이들의 신발은 각각 어느 나라에서
   만들어진 것이었나? 메이드 인 차이나와 비교해서 가격은 어느 정도 차이가 있었나?

	아버지 것	아이들 것
생산지	베트남	태국
메이드인 차이나 제품과의 가격 비교	4배	4배

큼직한 질문

※ 메이드 인 차이나 제품에 대한 갑과 을의 주장 가운데 어느 쪽에 찬성하는가?
  그렇게 생각하는 이유는?

갑: 값이 싼 제품 덕분에 생활비가 절약되어 삶의 질이 높아진다.

을: 국내 산업 기반이 흔들려 삶의 질이 낮아진다.

존 큐 (John Q, 2002) 2002. 3. 15. | 110분 | 미국 | 12세 관람가

감독 닉 카사베츠 | 출연 덴젤 워싱톤, 로버트 듀발, 제임스 우즈, 앤 헤이시

시장의 한계나 민영화 문제를 다룰 때 함께 보자. 의료보험 민영화 문제가 쟁점으로 부각되고 있기에 더욱 의미가 있다. 같은 주제를 다룬 영화로 〈식코〉(마이클 무어 감독)가 있다.

주인공 존 큐는 가정적이고 좋은 아빠인데, 정말 가난해. 부인과 사이도 좋고 무지 귀여운 아들도 있어. 어느 날 아들 마이키(초등학교 들어갈 나이쯤이야.)가 야구장에서 야구를 하다가 갑자기 쓰러져. 병원으로 실려 갔지. 그리고 존 큐는 하늘이 무너지는 소리를 들어. 조만간 새로운 심장으로 이식 수술을 하지 않으면 아들은 죽는다는 거야. 존 큐는 그 와중에도 희망을 갖지. 왜냐하면 죽도록 가난하고 살림이 어려운데도 이들은 꼬박 꼬박 보험에 들어왔거든. 그러니까 보험으로 수술이 될 거라고 생각해. 그런데 아니었어. 그 보험은 싸구려 보험이라서 그런 고급 수술(돈이 많이 들어가는 수술)에는 도움이 안 되는 거야. 수술비는 25만 달러인데, 의료보험회사에서는 2만 달러만 지원해 준다고 하지. 근근이 하루 벌어 하루 먹고 사는 가난한 노동자 부부가 어느 세월에 그 큰돈을 마련하겠어? 절망, 절망, 이런 절망이 없지.

너희들이 존 큐라면 어떻게 했을 것 같아? 부자 친척을 찾아간다고? 원래 사람은 끼리끼리 살아. 없는 사람은 친척도 가난한 법이야. 친구도 없는 사람이고. 그래, 손을 벌릴 데가 없는 거야. 은행을 턴다고? 그래, 너 비슷하게 맞췄다. 그런데, 존 큐는 은행까지 안가고 현장에서 일을 저질러. 병원에서 인질극을 벌이는 거지. 우리 아들에게 수술을 해 달라, 이게 존 큐의 요구야. 끝이 어떻게 되는지 궁금한 사람은 영화를 봐.

이야기를 마치기 전에 꼭 하고 싶은 이야기가 있다.

첫째, 이것은 경제수업 이야기가 아니다. 이 책에는 한 사회교사가 경제 수업을 통해 담아내고자 하는 이야기가 있다. 하지만, 이것을 경제 이야기로만 또는 사회 이야기로만 읽지 않기를 바란다. 배운 대로의 해석을 버리고 자기 교과의 교육과정과 교과서를 새롭게 해석하고 실천하는 교사의 이야기를 보아주었으면 한다.

둘째, 이것은 수업 사례에 대한 이야기가 아니다. 이 책에는 많은 수업 사례가 등장한다. 구체적인 실행 방법도 나와 있다. 하지만 그렇다고 해서 이것을 그대로 따라하기를 바라는 것은 아니다. 다른 이의 수업을 그대로 따라하는 것은 가능하지도 않고 바람직하지도 않다. 모든 이의 삶이 그러하겠지만, 우리 교사는 단 한순간도 반복되지 않는 삶을 살아간다. 우리는 매번 다른 학생들을 만나고 매번 새로운 도전에 직면한다. 오늘 우리의 수업은 다른 사람의 그 어떤 수업과도 같지 않으며 나의 어제의 수업과도 다르다. 우리는 다시는 재현되지 않는 삶의 한 순간을 수업으로 구현하는 사람들이다. 땅콩 선생에게 땅콩 선생의 길이 있었다면, 이 책을 읽는 그대에게는 그대의 길이 있을 것이다. 두려움 없이 그대의 길을 가기를.

땅콩 선생이 수업에서 가장 바라는 것은 가벼워지는 것이다. 힘을 빼고 가벼워져서 학생들이 무게를 느끼지 못한 채 공부하게 되는 것이 땅콩 선생의 바램이다. 가벼워지기 위해서는 짐을 줄여야 한다. 버리고 또 버려서 정말 필요한 것만 남기기. 짐을 꾸려 교실로 올라가는 우리에게 필요한 일은 버리는 일이다. 무엇을 버릴까를 결정할 때 우리는 무엇을 생각해야 할까? 목표를 다시 생각해야 한다. 나는 오늘 이 아이들에게 이것을 왜 가르치는가? 이 질문을 놓치지 말고 계속해야 버릴 것은 버리고 짐을 가볍게 할 수 있다. 가벼운 짐을 지고 길을 가는 이는 쉬이 지치지 않을 것이다. 힘이 남아야 행복하게 아이들과 만날 수 있다.

그런데 지금까지 소개한 모든 방법들은 가볍지 않다. 아직 덜 버렸다는 뜻이다. 때문에 땅콩 선생은 오늘도 계속해서 질문을 던진다. 나는 오늘 이 아이들에게 이것을 왜 가르치는가?

슬기로운 교사는 아무 일도 하지 않는다.
그런데도 그가 하지 않은 일이 없다.
보통 교사는 언제나 바쁘다.
그런데도 아직 못한 일이 많다.

뛰어난 가르침□에서

□ 파멜라 메츠가 풀어쓰고 이현주가 옮긴 《배움의 도》(민들레, 2004)

 행복을 배우는 경제수업

어떤 이는 묻는다. 정말 당신은 모든 수업을 이렇게 하느냐고. 아니다. 여기서 소개한 방식으로 모든 수업을 채우는 일은 가능하지도 않고 또 좋은 일도 아니다. 좋은 수업에는 강의도 있어야 하고 요점 정리도 있어야 한다. 문제 풀이도 있어야 하고, 잠시 쉴 시간도 있어야 한다. 다만 우리 모두가 하는 그 일들은 빼고 기록했을 뿐이다.

또 어떤 이는 묻는다. 그래서 당신의 아이들은 경제를 잘 하느냐고. 그건 잘 모르겠다. 하지만 스스로 경제를 잘한다고, 혹은 경제를 좋아한다고 생각하는 아이들이 많아진 것은 확실하다. 일단은 그것으로 족하다. 잘한다고 믿고 좋아하면 정말로 잘하게 되는 날도 올 테니까.

이제 연극으로 치면 수고한 모든 이들이 나와 인사하고 박수를 받을 때이다. 이 책의 진짜 주인공은 구일고등학교 학생들이다. 그들은 늘 기대한 것 이상의 성취를 보여주었다. 교사가 새로운 일을 하다가 벌이는 실수에 대해 늘 너그러웠으며, 우리가 멋진 일을 하고 있다고 믿고 따라와 주었다. 때로 한걸음 앞서 끌고가 주었다. 그들은 나의 제자이지만 동시에 스승이고, 배움을 함께 하는 도반이다. 그들에게 감사한다. 그 친구들이 진짜 영웅이다.

이 책에는 구일고등학교 학생들이 과제로 제출한 많은 결과물들이 실려 있다. 일일이 허락을 구하지 못하고 책에 싣는 무례를 범하였지만, 지금까지 그래왔듯이 이 또한 너그럽게 받아들여 주기를 간곡히 바란다.